COMO ESTRELLAS A PERPETUIDAD

Ana Méndez Ferrell

Voice Of The Light
MINISTRIES

COMO ESTRELLAS A PERPETUIDAD

Publicado por: Ministerio Voz de la Luz / Estados Unidos de América
Teléfono: +1.904.834.2447
Categoría: Reino
Diseño / Edición: Ana Méndez Ferrell
Diagramación: Andrea Jaramillo

Derechos reservados. Esta publicación no puede ser reproducida ni transmitida en forma alguna, ni total ni parcialmente. Tampoco podrá ser archivada ni reproducida electrónicamente, mecánicamente, en fotocopia, grabación, ni por ningún medio de información sin los debidos permisos del autor.

Todas las referencias bíblicas has sido extraídas de la traducción Reina Valera, revisión 1960 y en algunos casos traducidas de la Biblia amplificada. Tambien usamos la Biblia Textual.

© **Dr. Ana Méndez Ferrell**
www.voiceofthelight.com | www.vozdelaluz.com
1° **Edición Español 2020**, VOTL - P.O. Box 3418 Ponte Vedra, Florida, 32004 / E.E.U.U.

ISBN: 978-1-944681-30-2

Agradezco a mi Padre Celestial, a mi amado Jesucristo y a Su Santo Espíritu por todas las revelaciones expuestas en este libro. A Dios sea toda la Gloria

Dedico este libro a todos los hijos de Luz que van a resplandecer como estrellas eternamente. A esa nueva generación que se levanta con el único objetivo de ser Luz para que Dios sea conocido y glorificado en las naciones.

Lo dedico también a mis nietos León y Karem, a quienes llevo en mi corazón como una antorcha encendida con el fuego del amor de Dios. Ellos llevarán el brillo y el estandarte a más de una generación.

PRÓLOGO

Por **Fernando Orihuela**

La gran mayoría de creyentes hemos conocido a Dios en congregaciones donde el evangelio de Jesucristo era predicado constantemente. El centro prominente de esa predicación era el Gólgota -calvario- y su imagen dejó una señal imborrable en la memoria espiritual de todos nosotros. Sin duda, esto era bueno, pero, lamentablemente no es todo -ni la parte mas importante- del glorioso evangelio de Jesucristo (1Ti. 1:11).

Los últimos veinte años lo hemos dedicado a aprender los maravillosos lenguajes del Espíritu. Entendimos hace mucho tiempo que todo lo que sabemos no es suficiente para cumplir todo el encargo que nuestro Maestro nos delegó. Esta guianza empezó cuando pudimos reconocer con honestidad que conocer la Biblia no es sinónimo de vivir una vida plena. Si bien esto fue doloroso, era necesario para abrir nuestros ojos y empezar a anhelar lo que aun no estábamos viendo. Peleando por la salud de nuestra segunda hija, se abrió una puerta maravillosa, la puerta al "mover del Espíritu".

Al pasar los años pudimos comprender gradualmente que estas "dimensiones" del Espíritu nos conducen a cámaras de revelación y de vida cada vez mayores. La iglesia ha tenido siempre un mensaje que se libera desde el Calvario, trayendo una comprensión del pecado y algunas veces del arrepentimiento. Sin embargo, es necesario recordar que la comisión que los discípulos reciben, (Mt.28), esta unida necesariamente a la experiencia del Aposento Alto. La tarea es imposible de ser cumplida sin la manifestación de la vida de resurrección de Cristo. Esta requiere que la Iglesia pueda ser revestida de la gloria de la resurrección la cual tiene la dinámica necesaria para provocar una transformación.

Es tan poderosa, que aun transformó a Cristo, de ser el hijo Unigénito a ser el Primogénito del Padre. No sólo eso, es la experiencia donde Cristo ya no es sólo el profeta que caminó por Israel, sino, el Testigo fiel, el León de Judá lleno de gloria y majestad. La visión del calvario ha provocado que el "mundo" se familiarice con un Jesús sufriente y colgado en un madero, pero no magnifico y resucitado. ¡Cuánto necesita el mundo ver a este Cristo resucitado! Y no sólo el mundo, también la iglesia.

Es tan triste ver a las expresiones del Cuerpo de Cristo, tan carentes de ese poder de resurrección. Y no me refiero sólo a moverse en los dones o ministerios, sino a poder tener una revelación de una iglesia establecida en Sion, gloriosa y revestida de su poder.

Hace varios años empezamos a reclamar que antiguos documentos genuinos que "se extraviaron" salgan "a luz". Definitivamente, la "restauración de todas las cosas" de las que habló Lucas en el libro de Hechos de los Apóstoles, (3:21), incluye la recuperación de estos documentos.

Como todo lo que Dios ha restaurado los pasados años, la iglesia necesita abrirse a cambios que se deberán producir para que lo que Dios está devolviendo pueda ser establecido, pero sin duda, es también necesario que estemos dispuestos a reconocer que no lo sabemos todo y que en humildad debemos abrir nuestro corazón.

Una vez mas, Ana nos desafía a mirar más lejos. Estamos viviendo tiempos de cambios muy trascendentales y debemos dejar de ver las cosas bajo la cosmovisión del mensaje de la "salvación" y debemos poder tomar el mensaje del Reino. El mundo necesita la manifestación de ese mensaje. Todo el caos, el pánico, la "nueva normalidad", los cambios en los mecanismos educativos, sociales, etc., requieren de una voz clara y audible desde Sion.

Cada vez que Ana escribe, lo hace sabiendo que es muy probable que la generación actual no la entienda. ¡Que no sea así! Abramos nuestro corazón a mirar más lejos con ella y a ser parte de esa generación de entendidos que el Padre preparó para esta generación.

¡Gracias amada Anita por entregar este precioso material a la iglesia del Tercer día!

Fernando Orihuela
Orlando, Estados Unidos.

COMENTARIO

Por **Pablo Portela**

Un pionero en cualquier área de la vida quizá, inicialmente será juzgado, criticado y aún recibirá piedras por tan grande osadía; es probable que estés o estemos en desacuerdo en lo que han hablado o escrito, pero posteriormente serán parte fundamental en el desarrollo de la humanidad.

Ana Méndez Ferrell como profeta, pone en sus manos un libro pionero que abrirá un camino por explorar, que guiará una nueva estrategia de guerra espiritual en dimensiones de gobierno antes no conocidas . Estoy convencido que los hijos que son como estrellas a perpetuidad no se conformarán con la salvación, pero seguirán en indagar y crecer en toda pureza para ser antes que hacer; recomiendo la lectura de este libro con profunda seriedad y estudio de las escrituras; gracias Anita.

Pablo Portela
Pereira, Colombia

COMENTARIO

Por **David Ortigoza**

No caben dudas que la voz del Espíritu Santo suena fuerte en esta generación para llamarnos a dos cosas que, comprendidas y vividas, cambiarán el destino de las generaciones futuras; La consciencia y la unicidad.

En este libro, El Espíritu nos abre caminos eternos hacia ambas verdades y nos invita a transitar por ellos en Cristo.

La consciencia, por medio de la cual sabemos, sin aprender, que somos Suyos desde antes del tiempo y la unicidad, la potencia más maravillosa que pueda manifestarse en la creación.

Sin el entendimiento de estas verdades, la "Iglesia" seguirá siendo un edificio natural, una institución del corazón del hombre y una constante peregrina en sus propios desiertos… cosa muy alejada del diseño original que Cristo mismo edifica:

Una iglesia ¡espiritual, celestial y gloriosa!

Mientras leía las líneas de este nuevo libro de Ana, no pude evitar detenerme varias veces para cerrar mis ojos naturales y vivir a plenitud las verdades que El Espíritu imparte por medio de las palabras escritas. En repetidas ocasiones durante la lectura me encontré levantando mi voz, declarando verdades eternas sobre mí mismo y contemplando con mis ojos espirituales verdades maravillosas que me hacen reposar.

Más que un libro, en la lectura de este "texto natural" encuentro una verdad eterna que viene a activar los "textos celestiales" escritos en nuestros corazones antes del tiempo. Estos son una puerta para experimentar verdades vitales e inconmovibles que al Espíritu le urge que vivamos.

Quiero animar a cada lector a sumergirse en estos textos reconociendo que ellos ya están escritos en sus corazones en Cristo y permitiendo, así, que El Espíritu active la verdad de la consciencia y la unicidad en cada uno. Esto nos hará cada vez más parte de la Iglesia gloriosa edificada por Cristo.

La creación gime por ello…
Las generaciones venideras lo esperan.

David Ortigoza
Asunción, Paraguay

ÍNDICE

pág. 17 | **Introducción**

pág. 21 | **Capítulo 1**
Los Libros En El Cielo

pág. 37 | **Capítulo 2**
Hijos De La Resurrección

pág. 65 | **Capítulo 3**
Los Que Existen En El Esplendor

pág. 83 | **Capítulo 4**
El Tabernáculo De Dios Con Los Hombre

pág. 105 | **Capítulo 5**
Cómo Fuimos Creados Antes De la Fundación Del Mundo

pág. 129 | **Capítulo 6**
La Raquia

pág. 157 | **Capítulo 7**
Conectándonos A Nuestro Ser Celestial

pág. 173	**Capítulo 8** Gobierno Del Raquia
pág. 185	**Capítulo 9** El Reposo, La Llave De Acceso A Las Dimensiones Del Cielo
pág. 197	**Conclusión**
pág. 203	**Apéndice 1** La Historia De Los Cánones
pág. 213	**Apéndice 2** Los Libros Ápocrifos Y Los Históricos

INTRODUCCION

Estamos viviendo en un tiempo de cambios y de gran revelación. Creo que Dios paró el mundo y a la iglesia en este año 2020 para un reseteo del planeta, de nuestras prioridades y percepciones. Dios quiere reiniciar nuevos procesos, y llamar nuestra atención a la búsqueda de verdades que han quedado olvidadas.

Esto es algo que nunca había sucedido y que nos llevó a hacer un alto para entender qué es lo que Dios está hablando en esta hora.

Este es el tiempo de los entendidos, de los hijos de Luz que van a ser los instrumentos de grandes cambios en la tierra.

El entendimiento de la luz y de quienes somos como seres eternos y celestiales aquí en la tierra, es uno de los propósitos principales de este escrito.

Vamos a penetrar temas fundamentales, como la resurrección, no en un sentido histórico de la victoria de Cristo al vencer la muerte en su propio cuerpo, sino como la herencia y el poder que nos introduce a los más grandiosos lugares celestiales.

Este libro abrirá sus ojos para ver la realidad de la ciudad celestial en medio de nosotros y como vivir en ella y a través de ella.

Vamos a entrar en un extraordinario viaje en el conocimiento de la Raquia de Dios, esto es el firmamento gobernante en los cielos donde las huestes angélicas y los hijos de Dios se reúnen para gobernar con Cristo Jesús. Este es un tema pionero, en el que Dios quiere verter su Luz, para que su voluntad sea hecha en la tierra como es en el cielo.

Lo primero que vamos a entender es desde dónde fue escrita la Biblia. Porque es desde esa dimensión dónde la Escritura se vuelve viva y surgen las verdades que el Escritor quiso plasmar en ellas. Es así qué podemos ver cosas que nunca habíamos visto.

Éste es un libro profético escrito bajo una unción de Luz que está siendo enviada desde el cielo para despertar a los verdaderos hijos del Altísimo. El Espíritu de la profecía se manifiesta cuando activa en otros un conocimiento cada vez más profundo de Cristo y de su obra.

Cristo es el Espíritu de la profecía, quien se profetizó a sí mismo todo lo largo del antiguo testamento para después venir en carne y establecer los cielos en la tierra.

> Los profetas que profetizaron de la gracia destinada a vosotros inquirieron y diligentemente indagaron acerca de esta salvación, escudriñando qué persona y qué tiempo indicaba *el Espíritu de Cristo que estaba en ellos*, el cual anunciaba de antemano los sufrimientos de Cristo, y las glorias que vendrían tras ellos.
>
> **| 1 Pedro 1:10-11**

El Espíritu de la profecía da testimonio de Cristo, es dado para llevarnos a la plenitud de Su conocimiento. Esta es Su esencia y como tal inyecta en quien la escucha simientes de vida que crecen y se desarrollan dentro de quien las recibe.

En esto sabemos cuando una profecía vino de Dios, por la simiente sembrada que dará fruto en el que la escucha.

Cuando la palabra profética sale del cielo ilumina páginas del Libro la Vida que están escritas en nuestro espíritu. De alguna manera destapa los capítulos que cada uno de nosotros tenemos que ir viviendo en los tiempos y las estaciones de Dios.

Por eso este libro es profético, por que despertará en los entendidos la Luz que tiene que brillar en ellos.

Entraremos a la dimensión en que fuimos creados antes de la fundación del mundo. Conoceremos cómo fuimos conocidos y recibiremos las llaves para reconectarnos con nuestro verdadero ser celestial. Este es el que tuvo Adán cuando fue creado y la herencia que Jesús vino a traernos al devolvernos el Edén aquí y ahora.

Los entendidos, no son los que reciben la salvación, si no los que entendieron como radiar la Luz de Cristo para cambiar el mundo en que vivían. Los que doblegaron el sistema de este mundo para que el cielo gobernará sobre la tierra. Los que enseñaron la justicia, y la vivieron. Los íntegros y puros de corazón qué pueden ver a Dios cara a cara.

> Los entendidos resplandecerán como el resplandor del firmamento; y los que enseñan la justicia a la multitud, como las estrellas a perpetua eternidad.
>
> Muchos serán limpios, y emblanquecidos y purificados; los impíos procederán impíamente, y ninguno de los impíos entenderá, pero los entendidos comprenderán.
> **| Daniel 12: 3 y 10**

Capítulo 1

LOS LIBROS EN EL CIELO

"Enoc, hombre justo a quien le fue revelada una visión del Santo y del cielo pronunció su oráculo y dijo: la visión del Santo de los cielos me fue revelada y oí todas las palabras de los Vigilantes y de los Santos y porque las escuché he aprendido todo de ellos y he comprendido que no hablaré para esta generación *sino para una lejana que está por venir.*"

| Enoc 1:2

Desde los tiempos de Enoc, Dios habló a una generación futura y distante. Una que brillaría y manifestaría la Luz de Cristo como ninguna otra. Estos son los entendidos y perfeccionados de los cuales habló el profeta Daniel que brillarían como estrellas a perpetuidad.[1]

Enoc los describe como los humildes, los ultrajados, o como los llamó Jesús, los bienaventurados que fueron perseguidos por la verdad, pero amaron aún a sus enemigos, porque eran verdaderos hijos de Dios.

> Porque algunas de estas cosas están escritas en libros y otras grabadas en lo alto del cielo para que los ángeles y los santos las lean y sepan lo que ocurrirá a los pecadores, a los espíritus humildes, a quienes han afligido sus cuerpos y han sido recompensados por Dios y a quienes han sido ultrajados por los malvados;
>
> He expuesto en los libros toda su bendición: él les ha recompensado pues han sido hallados *que aman más al cielo que su vida en este mundo* y eran pisoteados por los malvados y oían las ofensas y maldiciones y eran ultrajados, mientras ellos me bendecían.
>
> **| Enoc 108:7 y 10**

El autor de la epístola a los hebreos los describe como aquellos de los cuales el mundo no era digno. Hombres y mujeres de fe, que escogieron morir a este mundo, estimarlo por basura, como dijera Pablo.[2] Que amaron como Jesús amó, porque su galardón no era de esta tierra.

---

[1] - Daniel 12:3
[2] - Hebreos 11:37-38

Añade Enoc:

> Ahora apelaré a los espíritus de los buenos entre las generaciones de luz y transformaré a quienes han nacido en tinieblas y no han recibido en su cuerpo honor y gloria ni recompensa como convenía a su fe.**Exhibiré en una luz resplandeciente a quienes han amado mi Nombre Santo** y los haré sentar en un trono.
>
> Ellos brillarán por tiempos innumerables, pues el juicio de Dios es justo y el va a restaurar la fidelidad de los fieles en la morada de los caminos de la verdad.Ellos verán arrojar en las tinieblas a quienes han vivido en las tinieblas, mientras **que los justos brillarán**.Los pecadores gritarán fuerte y los verán brillar a ellos, **porque verdaderamente saldrán los días y tiempos que están prescritos para ellos**.
>
> **| Enoc 108:8-10-15**[3]

¿Por qué escribo de Enoc? Porque pienso que es uno de los personajes más poderosos mencionados en la Biblia y digno de ser estudiado por todos aquellos que aman la Verdad de Jesucristo y la buscan por sobre todas las cosas.

Enoc siempre ejerció en mí una absoluta admiración. Su caminar con Dios fue tan intenso y genuino que fue trasladado para no ver muerte. Simplemente caminó con Dios y un día sin decir más desapareció en los cielos, cambió de dimensión sin jamás experimentar lo que el

---

[3] - Traducido al castellano desde dos versions inglesas, editadas por Robert H. Charles y Hedley F. Sparks, Y desde la version francesa de François Martin; last res a su vez traducidas de los manuscritos etiopes cotejados con manuscritos griegos; corregidas además estas versions de acuerdo con los manuscritos arameos de Qumram. Editados por José T. Milik, traducidos al castellano por Florentino García M.

resto de la humanidad tenemos que experimentar. Un hombre que antes de su traslado tuvo testimonio de haber agradado a Dios.

Pero ¿Cómo fue que agradó a Dios de tal manera que vivió inmerso en lugares celestiales como ningún otro hombre?

En sus escritos hay un diálogo entre Lamec su nieto y Matusalén, a quién le suplica que hable con su abuelo Enoc y le dice:

> "Ahora, padre mío te suplico e imploro que vayas al lado de Enoc nuestro padre y conozcas con él la verdad, **ya que su residencia está con los ángeles**".
>
> **| Enoc 106**

Enoc vivió en las dimensiones del Reino de Dios como Jesucristo las describe. Un reino que no es de este mundo, donde la realidad del cielo es el ámbito que rige la tierra, la genuina habitación que Jesús preparó para los hijos de Luz. El lugar donde estamos eternamente unidos a Jesús y desde donde podemos tomar y manifestar todo lo que Él nos ha dado.

> En la casa de mi Padre muchas moradas hay; si así no fuera, yo os lo hubiera dicho; voy, pues, a preparar lugar para vosotros.
>
> Y si me fuere y os preparare lugar, vendré otra vez, y os tomaré a mí mismo, **para que donde yo estoy, vosotros también estéis.**
>
> Y sabéis a dónde voy, y sabéis el camino.
>
> **| Juan 14: 2-4**

Más adelante descubriremos que esta realidad espiritual manifestada a Enoc es el ámbito de la resurrección, los cielos unidos a la tierra en Cristo Jesús. Es la herencia que Jesucristo conquistó para nosotros. Son las profundidades a las que se refiere el apóstol Pablo al escribir sobre el Reino de Dios, la vida eterna, la Jerusalén de arriba y el poder de la resurrección.

Ahora, ¿Por qué a este hombre tan fuera de serie, lo dejaron fuera de las Sagradas Escrituras? ¿No será importante conocer el reino de los cielos como lo vio y lo entendió alguien tan único en la historia?

Para mí sí lo es y para todos aquellos que anhelan que sus vidas resplandezcan, porque conocieron a Dios como ninguna otra generación. Los que sirvieron y los que sirven a este mundo como lumbreras en medio de terrible oscuridad.

Dios está revelándose y entregándonos cosas a los que amamos la verdad y lo buscamos por encima de todas las cosas. Su Luz está preservada para los que le temen y temprano le buscan.

Hay cartas y libros que, aunque son extra bíblicos, esto es fuera del canon son en esencia pro-bíblicos, y no la contradicen, sino que nos dan luz para entender pasajes difíciles. A estos se les llama libros apócrifos.[4] Dentro de esta lista, hay manuscritos que verdaderamente apoyan todo el pensamiento bíblico y otros que son en esencia heréticos.

1 | Los Libros Apócrifos Y Los Históricos

[4] -Apéndice 1 al final del libro

> Revelo otro misterio: a los justos y a los sabios se les entregarán libros de dicha, de integridad y de sabiduría. Los libros le serán entregados y en ellos creerán; y se alegrarán. Todos los justos serán recompensados, y de ellos adquirirán el conocimiento de los caminos rectos.
>
> **| Enoc 104: 10-11**

Aunque este libro no se trata de estos escritos, estaré mencionando algunos pasajes que son análogos a las Sagradas Escrituras. No con el fin de imponer nada, ni para que sean tratados como la infalible Palabra de Dios, sino como autores que dijeron cosas que en su tiempo fueron muy relevantes.

Para esto, quiero dejarles un poco de trasfondo para ampliar su conocimiento a este respecto de algunos de estos libros y el porqué considero justo el desenterrarlos.

La gran pregunta que surgió en mi corazón fue ¿Será que hay tesoros escondidos en escritos que fueron estratégicamente preservados por Dios o diabólicamente secuestrados? Todo lo que Dios es y nos dejó escrito, ¿nos ha sido entregado?

O ha habido en la historia instrumentos que quisieron negarnos documentos preciosos. Hombres religiosos y racionales que simplemente no los entendieron. ¿Será que hay rollos antiguos y cartas que jamás llegaron a Roma al tiempo de decidirse el canon católico, pero que formaron parte del canon ortodoxo o del copto?

Tras haber escrito quince libros - catorce de ellos publicados - me di cuenta qué era absolutamente imposible que apóstoles como Pedro, tan sólo hubieran escrito dos cartas, o Juan, solo un evangelio, el apocalipsis y tan sólo tres epístolas. Y ¿Qué hay de Natanael? A este Jesús le dijo: *"De cierto, de cierto os digo: de aquí adelante veréis el cielo abierto, y a los ángeles de Dios que suben y descienden sobre el Hijo del Hombre"*[5]

Este amado discípulo ¿jamás escribió nada? ¿Y los demás Apóstoles?

Juan escribió:

> Y hay también muchas otras cosas que Jesús hizo, qué si se escribieran en detalle, pienso que ni aun el mundo mismo podría contener los libros que se escribirían.
>
> **| Juan 21:25**

Definitivamente estas preguntas movían mi espíritu a indagar la verdad de cómo realmente se configuró la Biblia.

Lo que he logrado descubrir tras mucha investigación es que hay muchos documentos secuestrados en el Vaticano, en el museo de Londres y en Egipto. Otros muchos quedaron cautivos en Alejandría y otros tantos fueron sepultados en cuevas como las de Qumrán, o las de Nag Hammadi[6], para que no fueran destruidos, por sus

---

[5] Juan 1:51

[6] En 1945, unos granjeros egipcios estaban cavando en el desierto en busca de nitratos fertilizantes a unos diez kilómetros de la moderna ciudad de Nag Hammadi. Desenterraron una gran jarra de arcilla que contenía doce códices en papiro encuadernados en piel y parte de un decimotercero, todos ellos escritos en copto. Estos libros del siglo IV, que contienen cuarenta y seis tratados diferentes de diversa extensión, la mayoría de ellos hasta entonces desconocidos, conforman lo que actualmente se denomina la Biblioteca Nag Hammadi. La mayoría son escritos «gnósticos» tenidos por heréticos por los antiguos padres de la Iglesia.

perseguidores. Otros aun están por ser descubiertos.

En los Apéndices 1 y 2, expongo una breve historia de cómo se formaron los cánones en las diferentes iglesias primitivas, al igual que el canon de la Biblia actual. Hago también una breve descripción histórica de los libros apócrifos que considero importantes. Esto, para los que anhelen conocer más este tema y para fundamentar el porqué de conocer ciertos libros.

Para adentrarnos en el territorio de estos manuscritos olvidados, necesitamos cuatro cosas básicas:

1•Tener un profundo conocimiento de Dios.
2•Ser escudriñadores y entendidos de las Santas Escrituras.
3•Conocer la historia de la iglesia en sus inicios, sus protagonistas y las fuentes de oposición con las que se enfrentaron.
4• Saber escuchar y ser dirigido por el Espíritu Santo.

Sin estos cuatro fundamentos es absolutamente riesgoso aventurarse en tratar de discernir y estudiar los apócrifos.[7]

Ninguna de estas cuatro cosas funciona aislada de las otras tres y ninguna de ellas puede ser obviada si anhelamos la verdad. El que no tiene las cuatro, no tiene ninguna. El que menosprecia alguna, menosprecia las cuatro. Error tras error se ha cometido por que las han separado, haciéndose sabios en su propio entendimiento. Las mismas aberraciones le suceden a aquellos que se basan

---

El segundo tratado del Códice II de Nag Hammadi consiste en una colección completa de 114 dichos atribuidos a Jesús, con el título «El Evangelio según Tomás». La publicación de este evangelio en 1959 hizo posible que los estudiosos mostraran que los papiros de Oxirrinco proceden de tres copias griegas diferentes del evangelio de Tomás, cuyo texto completo se conserva ahora únicamente en la forma de la traducción copta perteneciente a la colección Nag Hammadi

[7] - Apéndice 1 al final del libro

en fantasías espirituales llenas de visiones y sueños sin fundamento escritural ni conocimiento de Dios.

La verdad se va revelando desde el interior de nuestro espíritu cuando temiendo a Dios vivimos vidas íntegras, haciendo de Su conocimiento la esencia de lo que somos y lo que decimos.

Conocerlo es vivir lo que El es, en y a través de nosotros. Es bajo la Luz de este entendimiento y guiados por Su sabiduría que nos podemos adentrar a discernir lo verdadero de lo falso.

> ***Los entendidos*** resplandecerán como el resplandor del firmamento; y los que enseñan la justicia a la multitud, como las estrellas a perpetua eternidad.
>
> **| Daniel 12:3**

Uno de los problemas con que nos encontramos son los legados de los Obispos Irineo y Atanasio en los primeros siglos[8]. Éstos, han sido la causa por la cual la iglesia cristiana ha rechazado los "Libros y cartas Apócrifas" como si fueran contrarios a la Biblia y de hecho algunos lo son, pero no todos.

Algunos de estos formaron parte de los libros y cartas estudiadas por la Iglesia primitiva, como lo son el libro de Yaser mencionado en Josué 10:13 y en 2 Samuel 1:18, y el de Enoc, Tomás, el Evangelio de la Verdad de Valentín, y otros que formaron parte de los cánones de la Iglesia copta y las iglesias orientales como la Siria.

Bart D. Ehrman en su libro Cristianismos perdidos escribe:

[8] - Siglo II y IV respectivamente.

> "La Iglesia primitiva no estaba constituida por una sola ortodoxia de la que luego se apartaron diversas minorías heréticas"..."por el contrario"..."el cristianismo asumía en la antigüedad una significativa variedad de formas, ninguna de las cuales representaba con claridad a una importante mayoría de creyentes en detrimento de las demás."[9]

El otro gran dilema es que muy poca gente estudia la historia y escudriña en ella lo que pueden ser fuentes de gran conocimiento. Esta nos ilumina, dándonos a conocer por ejemplo cuan relevante fue el libro de Enoc en los albores de La Iglesia. Teólogos respetables y eruditos en la Palabra de Dios aseguran que Enoc dejó un registro. Se dice que este libro fue escrito originalmente en hebreo y en arameo y que la iglesia del primer siglo lo estudiaba y tenía gran aprecio por él, como lo atestiguan las epístolas canónicas de Judas (6 y 14-16) y Pedro (2:4). Algunas cartas apócrifas[10], atestiguan del uso de estos libros por la iglesia de aquel tiempo.

El libro de Enoc es también uno de los libros más estudiados por los eruditos y teólogos judíos y ha despertado gran interés entre la Iglesia profética y la de la Nueva Reforma del Espíritu.

Las palabras que Dios habló por medio de sus profetas y las que aún están por ser habladas, están siempre vivas en los cielos, asegurándose que se harán manifiestas.

Todo lo que Dios ha hablado generación tras generación está grabado en los libros celestiales, las tengamos en el canon católico[11] o no.

---

[9] - Bart D. Ehrman, Cristianismos perdidos, págs. 254 y 259. Ed. Crítica, 2009.

[10] - los escritos de Justino Martir (100-165 AD), Atenágoras (170 AD); Tatiano (110-172 AD); Ireneo, Obispo de Lyon (115-185); Clemente de Alejandría (150-220); Tertuliano (160-230); Lactantio (260-325) y otros más.

[11] - El canon fue constituido por la Iglesia Católica, en el IV siglo.

Para siempre, ¡oh! señor, **tu palabra está firme en los cielos.**
Tu fidelidad permanece por todas las generaciones; tú estableciste la tierra, y ella permanece.
Por tus ordenanzas permanecen hasta hoy, *pues todas las cosas te sirven.*
| Salmo 119:89 - 91

Sécase la hierba, marchítase la flor, mas la Palabra del Dios nuestro permanece para siempre.
| Isaías 40:8

Muchos de los profetas del Antiguo Testamento, no escribieron para su tiempo sino para generaciones que estaban por venir.

El Rey David decía:

Y aun en la vejez y las canas, no me desampares, oh, Dios, hasta que anuncie tu poder a esta generación, *tu poderío a todos los que han de venir.*
| Salmo 71:18

Enoc habló de libros escritos en el cielo, en algunos de ellos leyó sobre el gran juicio del diluvio, con que Dios destruyó todo lo creado.

Porque algunas de estas cosas están escritas *en libros y otras grabadas en lo alto del cielo* para que los ángeles y los santos las lean.
| Enoc 105:23

> Pues yo conozco los misterios del Señor, que los santos me han contado y me han revelado y que leí en las tablas del cielo.
>
> **| Enoc 106: 19**

La Biblia apoya estos pasajes, cuando habla de los libros siendo abiertos en el Apocalipsis, o cuando menciona el libro de la vida del Cordero. Zacarías vio en visiones un rollo que volaba. Tanto a Ezequiel, como a Juan se les dio a comer un rollo celestial y un librito, respectivamente, los cuales eran dulces en la boca y amargos en el estómago.

Ezequiel también recibe un rollo celestial con lamentaciones.[12]

> Y miré, y he aquí una mano extendida hacia mí, y en ella había un rollo de libro.
>
> Y lo extendió delante de mí, y estaba escrito por delante y por detrás; y había escritas en él endechas y lamentaciones y ayes.
>
> **| Ezequiel 2:9-10**

Muchas cosas están registradas en la historia, en los libros de las tradiciones orales del pueblo judío, que no las vemos directamente en la Biblia. No se oponen a ella, pero nos dan a conocer sucesos extraordinarios en torno de ella. Un ejemplo es que al Patriarca Abraham le fue revelada la Ley antes qué a Moisés, y la pasó a sus generaciones. No podemos saber cómo sucedió esto con sólo la Biblia, pero si extiendo mi entendimiento profundizándome en libros históricos, voy a tener la luz que necesito.

---

[12] - Apocalipsis 13:8, 20:12, Zacarías 5:1, Ezequiel 3:2

> Por cuanto oyó Abraham mi voz, y guardó mi precepto, mis mandamientos, mis estatutos y mis leyes.
> **| Génesis 26:5**

Otro ejemplo de cosas que no tenemos idea cómo sucedieron con tan sólo leer el Génesis de Moisés, es que hubo un Sacerdocio divino antes del de Aarón:

> Entonces Melquisedec, rey de Salem y **sacerdote del Dios Altísimo**, sacó pan y vino; y le bendijo, diciendo: Bendito sea Abram del Dios Altísimo, creador de los cielos y de la tierra.
> **| Génesis 14:18**

Y este Mequizedec dejó escrito un libro de gran valor, llamado "El gran rollo de Melquizedec".

Otro misterio es ¿Por qué fue considerado Noé varón justo? ¿Con base a qué ley? Y ¿cómo fue que Dios lo eligió?

> Estas son las generaciones de Noé: Noé, varón justo, era perfecto en sus generaciones; **con Dios caminó Noé**.
> **| Génesis 6:9**

Pero si leo el Libro de Enoc, voy a encontrar que hay un gran recuento de quién fue Noé, de su sabiduría y de cómo fue escogido desde el vientre de su madre.

Todo esto para decir que una página nueva se está abriendo en los libros celestiales. En Jesús nos han sido entregados los abundantes tesoros de Su Gloria y de Su sabiduría. Nos ha sido dada la facultad de acceder a los cielos y a todas sus dimensiones. Los cielos y la tierra son uno en Jesús y una generación de luz, leerá los libros diseñados para este tiempo.

> Antes bien, como está escrito: cosas que ojo no vio, ni oído oyó, ni han subido en corazón de hombre, son las que Dios ha preparado para los que le aman.
> **| 1 Corintios 2:9**

El libro de Enoc, que estaré tocando en varias partes de este libro, ha emergido con gran interés, y está siendo estudiado por serios profetas y apóstoles de nuestro tiempo.

Si bien la Biblia es el ancla de nuestra fe y nada la puede sustituir, hay ciertos escritos apócrifos o históricos que como dije anteriormente, nos alumbran para entender pasajes que pueden ser complejos y difíciles de interpretar.

Esto es entonces lo que me interesa. Traer luz a la Escritura y apoyar todo lo que escribo con el más riguroso respaldo bíblico. Por otro lado soy también una gran promulgadora del conocimiento de la historia y la cultura para entender cosas que fueron escritas miles de años atrás. La investigación y el escudriñar todas las cosas es señal de un espíritu vivo en Cristo.

El Apóstol Pablo escribió:

> Sin embargo, hablamos sabiduría entre los que han alcanzado madurez; y sabiduría, no de este siglo, ni de los príncipes de este siglo, que perecen.
>
> Mas hablamos sabiduría de Dios en misterio, la sabiduría oculta, la cual Dios predestinó antes de

los siglos para nuestra gloria, la que ninguno de los príncipes de este siglo conoció; porque si la hubieran conocido, nunca habrían crucificado al Señor de gloria.

Antes bien, como está escrito:
Cosas que ojo no vio, ni oído oyó, Ni han subido en corazón de hombre, Son las que Dios ha preparado para los que le aman.

Pero Dios nos las reveló a nosotros por el Espíritu; *porque el Espíritu todo lo escudriña, aun lo profundo de Dios.*
| 1 Corintios 2:6-10

Uno de los más interesantes versículos al respecto de esta sed que pone el Espíritu por escudriñar aún lo profundo de Dios, lo redacta Tomás en su Evangelio.

«Quien encuentre la interpretación de estos dichos no probará la muerte».

Jesús dijo, «Que quien busca no deje de buscar hasta que encuentre, y cuando encuentre se turbará, y cuando esté turbado se maravillará y reinará sobre el todo».
| Tomás 1b-2 Apócrifo

Todo esto nos lleva a la conclusión que los "Entendidos" que resplandecen como estrellas a perpetua eternidad, son hombres y mujeres de búsqueda espiritual, que conocen a Dios y Su Luz admirable. Hijos de Dios guiados para ser la pureza, el amor y la justicia de Dios que ilumine una generación.

No es mi intención, imponerle nada a nadie, sino ilustrar principios que deben ser entendidos en este tiempo. Fundamentos completamente bíblicos que necesitan un escrutinio profundo y ser leídos desde un genuino entendimiento espiritual. Los pasajes que mencionaré tomados de los libros apócrifos, son sólo un apoyo y no el fundamento de una doctrina.

HIJOS DE LA RESURRECCIÓN

1 | ¿Qué Es La Resurrección?

Hablar de la Luz eterna, de aquellos que resplandecen a perpetuidad, necesariamente nos lleva a estudiar cómo la resurrección es el poder fundamental para que esto suceda.

La resurrección, está ligada a la fe y a la justicia. Ambas son parte del reino invisible de Dios y conforman la sustancia necesaria para que lo divino se manifieste en la tierra.

La resurrección es el fundamento de nuestra fe. No es tan sólo un hecho histórico, es lo que Jesús vino a traer a la tierra.

La gran mayoría de las personas tienen la idea de la resurrección como un momento en un futuro lejano en que súbitamente se van a abrir las tumbas y van a salir los muertos. Esto hará que la tierra se llene de gente resucitada. Pero eso es un concepto que lo venimos arrastrando de la Iglesia Católica y que no tiene ningún fundamento ni en el Antiguo y ni en el Nuevo Testamento.

Tenemos que entender que todo lo que Jesús habló lo hizo confirmando lo que estaba profetizado en el Antiguo Testamento, ya que éste es la sombra y la figura de todo lo verdadero, lo cual es Él mismo.

Entonces cuando buscamos el concepto de la resurrección en el Antiguo Pacto nos encontramos con muy pocas escrituras. La primera se encuentra en el libro del profeta Oseas.

> Nos dará vida después de dos días; en el tercer día nos resucitará y viviremos delante de él.
>
> **| Oseas 6:2**

Aquí el Espíritu de Dios nos presenta un concepto diferente, al hecho histórico de la resurrección de Cristo, y a la fábula de la resurrección de las pinturas renacentistas. Este es la gloriosa **obra** de Cristo en la resurrección. Su diseño es la resurrección de todos nosotros, para algunos será después de la muerte, pero para los entendidos, es aún mientras estamos en vida.

Ahora veamos como Jesús mismo el autor y quién es la resurrección misma habla de este tema:

> De cierto, de cierto os digo: el que oye mi palabra, y cree al que me envió, tiene vida eterna; y no

vendrá a condenación mas ha pasado de muerte a vida.

De cierto, de cierto os digo: viene la hora, y *ahora es*, cuando los muertos oirán la voz del hijo de Dios; y los que la oyeren vivirán.

Por qué como el Padre tiene vida en sí mismo, así también ha dado al hijo el tener vida en sí mismo.

| **Juan 5:24-26**

¡Viene la hora y ahora es!, todo lo que vino a hacer Jesús tiene que ver con una manifestación en el presente, ya que Él es el "Yo Soy".

Jesús quien es la resurrección iba hablarle a todo espíritu que estaba en estado de muerte. Esta es la condición del espíritu del hombre que no ha recibido la vida de Cristo.

La resurrección tiene que ver con el tipo de vida que nos habita, con el séptimo día de la creación, con el reposar de todas nuestras obras y con el Reino de Dios.

En la epístola a los Colosenses Pablo nos exhorta diciendo, … si habéis muerto juntamente con Cristo, en cuanto a los rudimentos de este mundo…

Si habéis resucitado con Cristo, buscad las cosas de arriba, donde está Cristo sentado a la diestra de Dios13.

Aquí nos está hablando de morir a todo el sistema de este mundo, y a sus rudimentos, así como al control que éste tiene sobre nuestras vidas. Cuando morimos al gobierno de nuestras propias almas, para rendirnos al señorío de Jesucristo, entonces nuestro espíritu entra en un estado de resurrección.

[13] - Colosenses 2:20 y 3:1

Tenemos que morir a la naturaleza de Adán para entrar en la naturaleza de Jesucristo.

Cuando Jesucristo resucitó, no solamente estaba manifestando el magnificente poder de Dios venciendo la muerte y el infierno, sino que nos tomó juntamente con Él para que vivamos por la resurrección. Es este divino poder el qué nos va a constituir en hijos y herederos de Dios: Cristo siendo la resurrección y nosotros resucitados juntamente con Él.

La resurrección es la atmósfera y el poder del mundo espiritual del Reino. Lo que levantó a Cristo de los muertos fue la gloria de Dios que descendió a las partes más bajas de la tierra. Luego entender la resurrección es entender lo que somos y el poder que tenemos.

Pablo entendió que ahí es donde se encontraba todo el poder de la obra de Jesucristo, y del Evangelio del cual él era ministro.

El oraba para que fuésemos llenos del conocimiento de Dios, de Su sabiduría y de su revelación, para que se alumbrasen los ojos de nuestro entendimiento. De esta manera llegaríamos a conocer nuestra herencia qué es todas las riquezas de la gloria de Dios.

Y de ésta dice:

> (La cual es) la supereminente grandeza de su poder para con nosotros los que creemos, según la operación del poder de su fuerza, *la cual opero en Cristo resucitándole de los muertos* y sentándole a su diestra en los lugares celestiales.
>
> **| Efesios 1:19-20**

Lo que está recalcando es que la resurrección no solamente es un hecho histórico, sino el verdadero poder que constituye la herencia de todo creyente. Por esta causa es que Pablo va a perseguir la resurrección en todo su diseño, poniendo sus ojos en el absoluto conocimiento de Dios, aunque tenga que renunciar a todo en esta vida.

> Y ciertamente aún estimo todas las cosas como pérdida por la excelencia del conocimiento de Cristo Jesús, mi señor, por amor del cual lo he perdido todo, y lo tengo por basura, para ganar a Cristo.
>
> Y ser hallado en él, no teniendo mi propia justicia que es por la ley, si no la que es por la fe de Cristo, la justicia que es de Dios por la fe;
>
> ***A fin de conocerle, y el poder de su resurrección***, y la participación de sus padecimientos, llegando a ser semejante a él en su muerte, si en alguna manera llegase a la resurrección de entre los muertos, ***no que lo haya alcanzado ya***, ni que ya sea perfecto; sino que prosigo, por ver si logro asir aquello para lo cual también fui a sido por Cristo Jesús.
> **| Filipenses 3:8-12**

Quiero que se fije en algo muy poderoso aquí: Pablo está diciendo que es por medio de la fe que podemos conocerlo a Él y el poder de la resurrección.

Entonces la fe aquí no está orientada para ver si puedo obtener una casa o un automóvil, sino al conocimiento de Dios y el poder recibir esta gloria que viene por causa de la resurrección.

Ahora Pablo también dice algo que a mí me llama mucho la atención… si de alguna manera llegase a la resurrección de los muertos. Aquí tenemos que abrir nuestro entendimiento. El está hablando de algo que va mucho más allá de la resurrección genérica que nos sucederá todos después de morir, algunos para vida eterna y otros para perdición perpetua.

Pablo sabía sin lugar a duda que en un momento dado después de muerto él iba a resucitar. Toda su teología, y todo lo que oyó del Padre es que los justos resucitarán en Cristo Jesús. Entonces el hecho que esté diciendo si en alguna manera llegase a la resurrección, no se está refiriendo a algo en el futuro, está buscando alcanzar la resurrección en vida. Está buscando conocer a Dios de la manera que él tiene que ser conocido, que es por medio del poder de la resurrección. Por eso enfatiza, no que lo haya alcanzado ya. Él está persiguiendo algo que se puede alcanzar o no, y que él no lo ha logrado todavía.

Lo que quiero demostrarle ahora es que Pablo definitivamente creía que la resurrección se podía alcanzar en vida.

Para esto, vamos a remover cualquier idea preconcebida de cómo imaginamos la resurrección de los muertos y vamos a ver cómo Jesús realmente habló acerca de ésta.

2 | La Resurrección No Es Un Concepto Futuro, Sino Presente

A. | ¿Cómo habló Jesús acerca de la resurrección?

Los discípulos le hicieron una pregunta acerca de la resurrección y pusieron como ejemplo a esos siete hermanos que al ir muriendo cada uno, se fueron sucesivamente casando con la misma mujer.

> En la resurrección, pues, ¿de cuál de ellos será mujer ya que los siete la tuvieron por mujer?
>
> Entonces respondiendo Jesús, les dijo:
> ***Los hijos de este siglo*** se casan, y se dan en casamiento; más los que fueron tenidos por ***dignos de alcanzar aquel siglo*** y la resurrección de entre los muertos, ni se casan y se dan en casamiento. Porque no pueden jamás morir pues son iguales a los ángeles y son hijos de Dios al ser hijos de la resurrección.
> **| Lucas 20:33-36**

Aquí está hablando el Señor de dos dimensiones diferentes. Una es los hijos de este siglo, o sea los que están bajo el sistema de este mundo, y los otros los que alcanzan el siglo venidero, esto es el reino de Dios.

Cuando se refiere a "este siglo" tiene que ver con lo terrenal, con lo temporal, con la naturaleza caída del hombre.

Por otro lado, al oír las palabras "siglo venidero", o "aquel siglo", nuestra mente natural se va inmediatamente al futuro. Pero "el siglo venidero" se refiere a la era que empezó cuando cielos y tierra se unieron en Cristo Jesús. Antes de Cristo estos estaban separados, después de su resurrección se unificaron como fue en un principio.

> Dándonos a conocer el misterio de su voluntad, según su beneplácito, el cual se había propuesto en sí mismo, de reunir todas las cosas en Cristo, en la dispensación del cumplimiento de los

> tiempos, así las que están en los cielos, como las que están en la tierra.
> | **Efesios 1:9-10**

Ahora veamos cuándo sucede esta dispensación del cumplimiento de los tiempos.

> Pero estando ya presente Cristo, sumo sacerdote de los ***bienes venideros***, por el más amplio y más perfecto tabernáculo, no hecho de manos, es decir, no de esta creación.
> | **Hebreos 9:11**

Aquí vemos que Jesús toma el sacerdocio de ese "siglo venidero", o de los llamados "bienes venideros", esa "era" que empezaba, la cual no tenía nada que ver con lo terrenal.

El autor de Hebreos establece claramente que la consumación de los tiempos está determinada por el sacrificio de la Cruz, y que a partir de éste empieza una época nueva, la era mesiánica, la era del Reino de Dios.

> De otra manera le hubiera sido necesario padecer muchas veces desde el principio del mundo; ***pero ahora, en la consumación de los siglos*** se presentó una vez para siempre por el sacrificio de sí mismo para quitar de en medio del pecado.
> | **Hebreos 9: 26**

Esto es de lo que Jesús les está hablando a sus discípulos en relación con la resurrección. Quería que entendieran qué ese siglo venidero, es el ámbito espiritual en que los cielos y la tierra se han unido.

Hay dos formas de vivir en este mundo, una es conforme al sistema de este mundo y la otra es en las dimensiones del Reino de Dios, qué es el ámbito de la resurrección.

Ahora, cuando Jesús está diciendo que los que son dignos de alcanzar aquel siglo no se casan ni se dan en casamiento, no se refiere a que la gente casada no puede entrar en el Reino de Dios. De ser así Pedro no hubiera podido entrar ya que el estaba casado. Esto se sabe ya qué Jesús sanó a su suegra.

Pablo posiblemente también estuvo casado ya que nadie podía ser parte de lo que se llamaba El Sanedrín[14], si no hubiese estado casado. Muy posiblemente quedó viudo.

Lo que está enfatizando Jesús es que los afanes y los deseos, lo que la gente quiere lograr en este mundo son diferentes a lo que se aspira en la dimensión del Reino de Dios.

En el sistema de este mundo, durante el tiempo que estamos en la carne, el casarse es parte de un diseño para la multiplicación de los seres humanos. En ese momento Jesús quería llevarlos a un entendimiento más allá del ámbito natural.

Jesús venía como el postrer Adán a traer de regreso el Edén, a unir los cielos y la tierra que estuvieron separados por causa del pecado. El vino a traer la ciudad celestial y el ámbito donde todo es posible, vino para hacer nuevas todas las cosas.

Dios quiere levantar sobre la tierra un remanente de hijos de la resurrección. Los que llegan a ser dignos, porque

---

[14] - El Sanedrín era, de hecho, la Corte Suprema de la ley judía cuya misión era administrar justicia interpretando y aplicando la Torah, la ley sagrada. Estaba constituida por los ancianos de Israel. Algunos de ellos se casaban con la Torah.

amaron más los cielos que la tierra. Los que pusieron sus tesoros en el cielo, y pasaron por este mundo como peregrinos y advenedizos. Los que buscaron conocer a Dios sobre todas las cosas porque era la riqueza más grande que podían atesorar.

Y yo creo que Dios está hablando estas cosas porque es posible que algunos de nosotros podamos llegar a ser como Enoc, quien fue traspuesto al cielo sin probar la muerte. Hombres y mujeres qué caminando con Dios, un día simplemente pasarán a la otra dimensión y seguirán de frente.

Lo que estamos viendo aquí es que el ser un hijo de Dios, es muy diferente al concepto que se ha tenido hasta ahora, en qué prácticamente se puede ser un cristiano de cualquier manera.

El mismo Pablo esperaba esta gloria, que es la resurrección que debe manifestarse en los hijos de Dios, para qué en su libertad gloriosa, terminaran con la esclavitud de la creación.

> Pues tengo por cierto que las aflicciones del tiempo presente no son comparables a la Gloria que está por ser manifestada en nosotros, porque el anhelo ardiente de la creación es aguardar la manifestación de los hijos de Dios.
>
> **| Romanos 8:18-19**

3 | Para Dios, Los Muertos En Él Están Vivos

Ahora volvamos al pasaje de Lucas 20 donde Jesús continúa hablando de cómo la resurrección, no es un concepto futuro sino presente.

> Pero en cuanto a que los muertos han de resucitar, aún Moisés lo enseñó en el pasaje de la zarza, cuando llama al señor, Dios de Abraham, Dios de Isaac y Dios de Jacob. Porque Dios no es Dios de muertos, sino de vivos, pues para el todos viven.
>
> **| Lucas 20:37-38**

Aquí estamos viendo que todos los que son hijos de Dios, desde la perspectiva divina no están muertos sino resucitados.

Jesús no les estaba hablando de una resurrección tras la muerte en la que unos tendrían la vida eterna y otros serían condenados. Aquí está hablando de aquellos que fueron tenidos por dignos y alcanzaron aquel siglo. La dimensión donde Jesucristo es Sumo Sacerdote de todos los bienes venideros, de todos los dones celestiales. Está hablando de los que llegan a vivir el Edén en la tierra mientras están en este mundo.

Estos son los hijos de Dios, embajadores del cielo, de cuyo espíritu emana la gloria que disipa toda tiniebla. Los que conocieron a Dios y habitan en la resurrección y a su paso la tierra se vivifica.

Para eso tengo que cambiar mi entendimiento y creer que la resurrección se puede alcanzar en vida. Cuando esto sucede y lo empiezo a creer con todas mis fuerzas algo empieza suceder aún dentro de mis mismas células.

Esta es la vida del Dios altísimo, la vida eterna que consume todo lo mortal y se encarna dentro de nosotros para llevar vida a todo nuestro entorno.

Entrar en Su reposo es el ámbito de la resurrección, es el ámbito del movimiento continuo, del reposo en movimiento.

Jesús, en el Evangelio apócrifo de Tomás dice algo, consistente con lo que está descrito en el de Lucas.

> Jesús ha dicho: Si os dicen "¿De donde venís?", decidles "Hemos venido de la luz, el lugar donde la luz se ha originado por sí misma, Él se puso de pie y se reveló en las imágenes[15] de ellos.
>
> Si os dicen "¿Quiénes sois?", decid "Somos los Hijos de Él y somos los escogidos del Padre viviente."
> Si os preguntan "¿Cuál es el signo en vosotros de vuestro Padre?", decidles "Es movimiento con reposo."
>
> Sus discípulos le dicen:
> ¿Cuándo sucederá el reposo de los muertos, y cuándo vendrá el mundo nuevo?
>
> El les dice: Lo que buscáis ya ha llegado, pero no lo conocéis.

| Tomás 50 y 51

Aquel siglo, es ese ámbito donde el tiempo no existe, es el lugar donde mora Dios, es el séptimo día de la creación, el Reino de Dios, donde todo lo que eras antes de la fundación del mundo ya fue activado. Es la Luz misma que se extendió sobre el caos primigenio y en ella existía todo lo que iba a ser creado, por los siglos de los siglos.

En el ámbito de la resurrección somos como los ángeles. Estos no están buscando como casarse, cómo hacer negocios, o como procrearse. En este estado podemos ir y

---

[15] - Estas imágenes aquí mencionadas son nuestro ser antes que el mundo fuera. El nos conoció y nos puso nombre de crearnos en la tierra (Efesisos 1)

venir de las dimensiones celestes donde las asignaturas y funciones son muy diferentes a las terrenales.

Desde luego en este estado podemos estar casados, tener hijos o tener un negocio, pero nuestras prioridades están en el cielo.

4 | Un Cuerpo Glorificado

Ahora bien, cuándo Jesús resucitó muchos resucitaron con Él.

> Más Jesús, habiendo otra vez clamado a gran voz, entregó el espíritu. Y aquí, el velo del templo se rasgó en dos, de arriba abajo; y la tierra tembló, y las rocas se partieron;
>
> y se abrieron los sepulcros, y muchos cuerpos de santos que habían dormido, se levantaron;
>
> Y saliendo de los sepulcros después de la resurrección de él vinieron a la santa su ciudad y aparecieron a muchos.
> **| Mateo 27:50-53**

Lo extraño aquí es que no hay una sola escritura de cómo estos resucitados interactuaron con la iglesia primitiva. Esto fue algo insólito, pudieron haber visto al rey David, a Abraham, a Moisés, y sin embargo no hay un solo testimonio de nadie que haya hablado o convivido con ellos, ni tampoco se les ve presentes en el día de Pentecostés. Esto tiene un porqué y lo vamos a entender más adelante en lo que fue la resurrección de Jesucristo.

Cuando Él se levanta de entre los muertos no tiene necesidad ni siquiera de remover la piedra. La piedra se removió ya fuera por el impacto de la resurrección, o los dos ángeles que custodiaban en la tumba la quitaron. Esto fue para testimonio a los romanos y a todos los que habían de creer. En su cuerpo resucitado Jesús tenía la habilidad de atravesar paredes, no necesitó para salir de la tumba remover Él mismo la piedra.

En su cuerpo resucitado, cambiaba continuamente de aspecto. Cada vez que se apareció a sus discípulos, lo hizo con un rostro diferente; Por lo que no lo podían reconocer. Los dos discípulos en el camino a Emaús pensaron que era un forastero. Cuando se apareció en medio de los once, ya tenía un rostro diferente, creyeron que era un espíritu y se asustaron. Pedro y el otro discípulo no lo identificaron como el que venía caminando con ellos, momentos atrás.

María pensó que era el hortelano. No se dio cuenta quién era hasta que la llamo por su nombre.

La tercera vez que él se aparece a ellos vuelve a suceder lo mismo.

> Después de esto Jesús se manifestó otra vez a sus discípulos junto al mar de Tiberias; ... cuando ya iba amaneciendo, se presentó Jesús en la playa. Y, más los discípulos no sabían que era Jesús.
> **| Juan 21:1 y 4**

Ahora ¿Por qué cambiaba continuamente de rostro? Porque el cuerpo glorificado no tiene nada que ver con nuestro rostro físico.

También es interesante notar que durante el tiempo entre la resurrección y la ascensión Jesús jamás durmió en la tierra.

El no necesitaba más permanecer o vivir conforme a las necesidades y costumbres que implican un cuerpo físico. Él era sumo sacerdote del siglo venidero, y ya había unido los cielos y la tierra en el mismo. Como resucitado podía ir y venir del cielo a la tierra cuántas veces quisiese.

Si voy a analizar cómo es un cuerpo resucitado, Jesús es el prototipo y el diseño que me va a llevar a toda la verdad de lo que implica estar en ese estado.

Entonces si sigo el mismo modelo y forma en que Cristo interactúo con sus discípulos tras la resurrección, es muy posible, que los santos que salieron de las tumbas sólo se mostraron como testimonio y luego ascendieron otra vez a los lugares celestiales. También es posible que se aparecieran con otro rostro y que se siguieran apareciendo cuando alguien necesitaba algo, fungiendo como lo hacen los ángeles cuando toman forma humana: Nos ayudan y luego desaparecen.

¿No es esto lo que dijo Jesús? Los que fueron tenidos por dignos serán como los ángeles y serán hijos de Dios por ser hijos de la resurrección[16].

Hay cosas que son difíciles de creer porque estamos tan estructurados a que somos de este mundo, pero estamos entrando en un tiempo en que va a haber algunos que lo van a creer y lo van a ver.

Cuando el apóstol Pablo escucha esta palabra, que hay algunos que son tenidos por dignos de alcanzar la resurrección, se va a invertir completamente para obtener esta promesa. Había quedado engendrado de una perla que debía encontrar a toda costa.

El sabe qué Dios ya lo había predestinado para esta resurrección en vida, pero también entiende que tiene

[16] - Lucas 20:36

que unificarse con su diseño celestial para que esto sea una realidad en la tierra. Por sobre todas las cosas él quiere ser tomado por digno, pero sabe que esto requiere ver de una manera muy distinta a la manera natural.

5 | El Supremo Llamamiento

Retomemos el pasaje de Filipenses donde Pablo decide considerar todo como basura. Es tal la gloria que ve en la resurrección, qué darle valor a cualquier cosa que no es sino vanidad en la tierra, sería el mayor obstáculo para alcanzar su meta.

Cuando expresa las palabras "*si de alguna manera llegase a la resurrección*[17] *de los muertos*". Es claro que está buscando a Jesús no como un modelo de vida, sino en la dimensión del Cristo resucitado.

Luego añade, *no que lo haya alcanzado*. Obviamente no está hablando de la resurrección postrera la cual no depende de nosotros, ni de nuestra dignificación, sino de Cristo.

> **No que lo haya alcanzado ya**, ni que ya sea perfecto; sino que prosigo por ver si logro asir aquello para lo cual también fui a sido por Cristo Jesús.
>
> Hermanos, yo mismo no pretendo haberlo ya alcanzado; pero una cosa hago: olvidando ciertamente lo que queda atrás, y extendiéndome

[17] - Filipenses 3:11

a lo que está por delante, prosigo a la meta al premio del supremo llamamiento de Dios en Cristo Jesús.
| **Filipenses 3:12-14**

Pablo quién no conoció a Jesús en carne, fue enseñado directamente por Él en el espíritu[18]. No solamente oyó todas sus enseñanzas de primera mano, sino que fue arrebatado al tercer cielo donde oyó aún palabras inefables[19].

Yo creo que en esa experiencia que tuvo en el cielo y en el paraíso, él se vio asimismo asido a Jesús y vio cómo la resurrección de Cristo le fue impartida desde este lugar. No sólo se vio a sí mismo, sino a todos aquellos que iban a ser tenidos por dignos. Esta era la carrera que él se había propuesto correr, el supremo llamamiento que era la conquista de esta gran meta: la resurrección en vida. Lo que había visto y experimentado en las dimensiones del cielo tenía que hacerse ahora palpable y visible en su naturaleza humana.

Esto era la posesión de su herencia, la cual estaba establecida en la ciudad de Dios. Para hacerla descender de los cielos a la tierra, tenía que pasar por este mundo no siendo atraído por nada de lo que está en la tierra, pues ya le había sido otorgada su ciudadanía en los cielos.

Por eso cierra esta instrucción a los Filipenses diciendo:

> Más nuestra ciudadanía está en los cielos, de donde también esperamos al Salvador al señor Jesucristo; el cual transformará el cuerpo de la humillación nuestra, para que sea semejante al

[18] - Gálatas 1:11-12
[19] - 2 Corintios 12:1-4

cuerpo de la gloria suya por el poder con el cual puede también sujetar asimismo todas las cosas.

| Filipenses 3:20-21

Esta ciudadanía, este pertenecer a los lugares celestiales, es lo que nos da la posibilidad de ser transformados en el cuerpo de la Gloria de Jesús.

Sí, pues, habéis resucitado con Cristo buscar las cosas de arriba donde está Cristo sentado a la diestra de Dios, esto es, la ciudad celestial adonde nos dio lugar nuestro Señor.

Esta búsqueda se volvió el motor y la obsesión de la vida de Pablo y lo va a expresar de muchas maneras en sus diferentes epístolas. Era la misma búsqueda que constituyó Abraham como el padre de la fe.

Por la fe habitó como extranjero en la tierra prometida como en tierra ajena, morando en tiendas con Isaac y Jacob, herederos de la misma promesa; porque *esperaban la ciudad que tiene fundamentos cuyo arquitecto y constructor es Dios.*

| Hebreos 11:9-10

La perfección de los hijos de Dios es ser hijos de la resurrección. No sólo para vivir por este poder y este fundamento si no para resucitar todo a nuestro alrededor. Primeramente, los muertos en espíritu, los que no conocen al Señor, pero también a los que mueren en la carne. Es el poder para resucitar todo lo que ha sido invadido por la muerte, como la salud, las relaciones, congregaciones enteras, negocios, carreras, ministerios y aún naciones cuyo diseño es estar llenas de la vida de Dios.

Ahora veamos cómo expresa Pablo este mismo pensamiento a los santos de Corinto y cómo la ciudad celestial está íntimamente ligada al poder de la resurrección.

6 | La Ciudad Celestial Y Las Moradas Eternas

> Por qué sabemos que si nuestra morada terrestre, este tabernáculo, se deshiciere, tenemos de Dios un edificio, una casa no hecho de manos, eterna en los cielos.
>
> Y por esto también gemimos, deseando se revestidos de aquella nuestra habitación celestial.
>
> **| 2 Corintios 5:1-2**

Una vez más, si leemos esto con nuestro razonamiento natural pensamos que se refiere a algo tras nuestro fallecimiento; Sin embargo, Pablo no está enfatizando la vida después de la muerte, ni las mansiones eternas, sino la habitación celestial que debe revestirnos en vida.

> Pues así *seremos hallados vestidos y no desnudos*. Porque asimismo los que estamos en este tabernáculo gemimos con angustia;
>
> porque no quisiéramos ser desnudados, sino revestidos, para que lo mortal sea absorbido por la vida.
>
> **| 2Corintios 5:3-4**

Aquí no está hablando de las vestiduras de la gracia y de la salvación, ya que no necesitamos gemir por éstas, las cuales nos son dadas gratuitamente por medio de la fe. Está enfatizando aquello que determina si entramos vestidos o desnudos a la vida eterna. El mismo apóstol dice que tiene que gemir con angustia para que lo celestial lo recubra y que todo lo que pertenece a la muerte sea absorbido por la vida.

¿Qué es esta vestimenta sino el poder de la resurrección? Las vestiduras de la ciudad celestial donde el cuerpo de nuestra humillación es transformado en el cuerpo de Su gloria.

El gime con angustia porque cree con todo su corazón que la transformación en gloria se puede dar en vida. Por eso escribe: *Que todo lo mortal sea absorbido por la vida.* Lo que implica que la vida de resurrección que es Cristo puede absorber en vida nuestra naturaleza terrenal y mortal, y así se revestidos de Gloria.

Aún les habla a los Corintios, en esa misma epístola, de cómo llegar a esta transformación.

> Por tanto, nosotros todos, mirando a cara descubierta como en un espejo la gloria del señor, somos **transformados de gloria en gloria en la misma imagen** como por el Espíritu del Señor.
>
> **| 2 Corintios 3:18**

Eso es lo que él vio cuando fue arrebatado al paraíso y al tercer cielo. Ahí él entró en la ciudad celestial y vio cómo nuestros cuerpos eran transformados. Entre más tomemos tiempo entrando en Su reposo, para conectarnos con la dimensión de la gloria, con la ciudad del Dios vivo, más seremos transformados de gloria en gloria.

Yo creo que si a Pablo no le hubieran cortado la cabeza hubiera muy bien podido ser traspuesto como Enoc. Quizás en el momento en que fue sentenciado, estimó de mayor gloria el ser sacrificado que el ser traspuesto.

Veamos otro pasaje donde Pablo continúa ampliando este tema y explicando cómo es la resurrección.

7 | La Resurrección Y El Perpetuo Movimiento De Abundancia

> Pero dirá alguno: ¿Cómo resucitan a los muertos? ¿Con qué cuerpo vendrán?
>
> Necio, lo que tú siembras no se vivifica, si no muere antes.
> **| 1 Corintios 15:35-36**

Conforme a esta palabra, si estoy tratando de alcanzar la resurrección tengo que entender cómo morir. Dios quiere resucitar todas las cosas. Tras la caída del hombre toda la tierra entró en estado de muerte. Luego Dios no está solamente interesado en el alma y el cuerpo del hombre, sino en todo lo que está en estado de muerte. El quiere que entremos en la dimensión de la resurrección, qué es el Reino de Dios donde todas las cosas nos son añadidas, donde todas las posibilidades y diseños pueden descender de lo invisible a lo visible.

> Buscar primeramente el Reino de Dios y su justicia y todas estas cosas os serán añadidas.
> **| Mateo 6:33**

Cuando entro por la fe a la dimensión de Su reino, de Su justicia, a ese siglo venidero, es que todo don perfecto, toda bendición, todo diseño de Gloria, toda provisión, se empiezan a gravitar sobre mí.

Pero si no morimos a las cosas terrenales, si no morimos a los bienes materiales, estos no pueden ser vivificados. Necio, lo que tú siembras no se vivifica, si no muere antes.

El principio de dar funciona, pero no podemos entrar a **la moción de perpetuo movimiento** de abundancia hasta que no muramos a todo lo que tenemos.

Éste es el fundamento de ser un verdadero discípulo, y lo que abre las dimensiones de las riquezas de Dios. Los que dejándolo todo siguen a Jesús.

> Si alguno viene a mí, y no aborrece a su padre, y madre, y esposa, e hijos, y hermanos, y hermanas, y aun también su propia vida, no puede ser mi discípulo.
> **| Lucas 14:26**

> Todo el que haya dejado casas o hermanos o hermanas, o padre, o madre, hijos o tierras por mi nombre recibirá cien veces más y él le dará la vida eterna.
> **| Mateo 19:29**

Un verdadero discípulo de Jesucristo tiene que seguirlo de tal manera, que ni la familia, ni los bienes de este mundo, ni la seguridad de su propia vida se puedan atravesar en lo que Dios quiere hacer en él. Porque van a venir disyuntivas en la vida en que Dios nos pone en encrucijadas donde tenemos que escogerlo a Él o cualquiera de estas cosas, de las cuales se compone nuestra vida en este mundo.

Si Él no tiene la prioridad en todo, no nos puede conformar a Su imagen, ni puede proteger lo que nosotros amamos. Le vamos a estar quitando continuamente el señorío, tratando de proteger nosotros a nuestras familias, nuestras posiciones, nuestros tesoros y nuestras vidas con nuestras propias fuerzas. Vamos a ser jaloneados de un lado para otro, sin encontrar su voluntad ni sus caminos.

Una vez habiendo tomado esta determinación, dejándole a Jesús el completo señorío de nuestras vidas, podemos empezar a ser discipulados por Él. Lo primero que va a hacer, será entrenarnos a cómo caminar en la dimensión de su reposo, y en la de su resurrección. Es en esa esfera espiritual donde fue activado todo antes de la fundación del mundo.

El no tiene que hacer nada para proveerte, ni para sanarte, ni para darte tus sueños. El ya lo hizo. Somos nosotros los que tenemos que entrar en esa dimensión donde todo se da y se sigue dando, porque él ya nos entregó Su reino, la herencia por la cual tenemos todas las cosas.

Por eso vimos, que Pablo oraba para que fuesen abiertos los ojos de nuestro entendimiento, y pudiésemos ver las riquezas de Su gloria que son nuestra herencia. Ésta, que nos es entregada por el poder de la resurrección que levantó a Cristo los muertos. Oró para que pudiésemos ver a Cristo como nuestra cabeza con todo principado y potestad bajo sus pies y nosotros como su divino cuerpo el cual es la plenitud de Aquel que todo lo llenen todo[20].

Esto es lo que Dios habló por medio del profeta Oseas, *al tercer día resucitaremos*[21].

[20] - Efesios 1:17-23
[21] - Oseas 6:2

Cuando Cristo resucitó y los santos salieron de los sepulcros, no sólo ellos resucitaron, sino que la dimensión y el poder de la resurrección se abrieron para que viviésemos por ella. Éste es el poder que vence todas las cosas.

8 | ¿Cómo Resucitarán Los Muertos?

Ahora, retomando el pasaje de Corintios donde Pablo está hablando acerca de cómo se daría la resurrección dice:

> Y lo que siembras no es el cuerpo que ha de salir, sino el grano, ya sea de trigo o del otro grano; pero Dios le da el cuerpo como él quiso, y a cada semilla su propio cuerpo.
>
> **| 1 Corintios 15:37-38**

Nuestro cuerpo aquí en la tierra es una semilla, no es lo que va a surgir en la resurrección. En otras palabras, no voy a tener mi misma cara, ni mi mismo cuerpo, porque una es la forma de la semilla y otra la forma del árbol que surge de ella. Por eso Dios nos llama el plantío de Jehová, y estos árboles son los hijos de resurrección, cuyo poder hace que todo se restaure, se vivifique y se resucite.

> … Y serán llamados árboles de justicia, plantío de Jehová, para gloria suya. Reedificarán las ruinas antiguas y levantarán los asolamientos primeros y restaurarán las ciudades arruinados los escombros de muchas generaciones.
>
> **| Isaías 61:3b-4**

Pablo ahora nos va a hablar de los diferentes tipos de cuerpos que hay en la resurrección, y los contrastes de la vida natural y la vida resucitada.

> Así también está escrito: fue hecho el primer hombre Adán alma viviente; el postrer Adán, espíritu vivificante. Más lo espiritual no es primero, sino lo animal; luego lo espiritual.
>
> El primer hombre de la tierra, terrenal; el segundo hombre que es el Señor es del cielo.
>
> Cual el terrenal, tales también los terrenales; y cual es celestial, tales también los celestiales.
>
> **| 1 Corintios 15:45 -48**

¿Será posible que esta humanidad caída pueda entrar en tales niveles de gloria para conformarse y ser igual al celestial?

Si, absolutamente, porque todo lo que es hablado por el cielo se cumple, porque éste es el diseño de Cristo unido a sus hijos. ***La cabeza es celestial el cuerpo es también celestial.***

> Y así como hemos traído la imagen del terrenal, traeremos también la imagen del celestial.
>
> He aquí, os digo un misterio:
> no todos dormiremos, pero todos seremos transformados.
>
> **| 1 Corintios 15: 49 y 51**

Aquí vemos que Pablo creía totalmente que no todos iban a morir. Que había algunos, los que iban a ser tenidos por dignos de alcanzar el poder de la resurrección en vida, que iban a ser transformados y traspuestos a las moradas eternas. Y esto es accesible a todo aquel que puede creer.

El, absolutamente creía qué al ser revestidos de nuestra habitación celestial, ésta invade de tal manera nuestro ser físico, que llega un punto en que ya no se corrompe, ya no se enferma, ya no envejece. Éste es el Evangelio de la gloria de Cristo, el cual es la imagen de Dios, cuya Luz ha sido velada en el entendimiento de todo aquel que no puede creer[22].

Este es el evangelio de Jesucristo que cambia vidas, las buenas nuevas del reino donde todo es posible.

> Y cuando esto corruptible se haya vestido de incorrupción y esto mortal se haya vestido de inmortalidad, entonces se cumplirá la palabra que está escrita: *sorbida es la muerte en victoria. ¿Dónde está, o muerte, tu aguijón?, ¿Donde, o sepulcro tu victoria?*
> **| 1 Corintios 15: 54 y 55**

Aquí está hablando exactamente, de aquello por lo cual gemía: El ser revestido de su habitación celestial, para que todo lo mortal fuera absorbido por la vida.

Éste es el ejercicio espiritual poderosísimo en el que vamos muriendo en nuestras mentes, a todo lo que es este mundo, en que vamos penetrando más y más la ciudad celestial por la fe. Donde cada padecimiento que llegamos a tener lo conquistamos con la vida de Cristo, con el poder de la resurrección. Esta manera es en la que proseguimos hasta que en nuestras propias vidas hayamos vencido

[22] - Paráfrasis 2 Corintios 4:4

todo lo mortal que hay en nosotros. Todo lo que pertenece a la muerte es absorbido por la vida resucitada de Cristo. ¡Míralo, créelo, acarícialo, determínate, vence!

> Determinarás asimismo una cosa, y te será firme,
> Y sobre tus caminos resplandecerá luz.
>
> **| Job 22:28**

Cuando Pablo procuró este poder de la resurrección, le pidió a Jesucristo poderle conocer junto con la participación de sus padecimientos, llegando a ser semejante a él en su muerte. La razón de esto es porque en cada padecimiento hay una victoria, y en cada victoria se va estableciendo la resurrección en nosotros.

> Confirmando los ánimos de los discípulos, exhortándoles a que permaneciesen en la fe, y diciéndoles: Es necesario que a través de muchas tribulaciones entremos en el reino de Dios.
>
> **| Hechos 14:22**

Cada padecimiento nos lleva a morir a algo de nosotros mismos para que lo glorioso de Jesucristo se establezca en nuestras vidas.

No se trata de estar anhelando que nos pasen cosas terribles, sino que cuando Dios decide alumbrar por medio de una circunstancia algo que está mal en nuestras vidas, es la oportunidad de llevar algo a muerte para que lo perfecto se manifieste en nosotros.

De esta manera Pablo concluye está verdad sobre la resurrección que lo consume:

> Mas gracias sean dadas a Dios, que nos da la victoria por medio de nuestro señor Jesucristo.
>
> **| 1 Corintios 15: 57**

Al leer estas cosas, no piense que son un imposible o algo muy difícil de alcanzar. Jesús no vino a predicar un evangelio que fuese tan complicado que sólo unos cuantos contados con los dedos de la mano lo pudieran alcanzar. Esto es algo mucho más factible y accesible de lo que nos podemos imaginar. Simplemente no había sido predicado y creído en la forma correcta.

Capítulo 3

LOS QUE EXISTEN EN EL ESPLENDOR

Nos hemos venido entrenando en los principios de la resurrección, y ahora vamos a entender quienes somos en los lugares celestiales. Dios se está manifestando a aquellos que lo buscan. Y esto no se trata solamente leer un libro o escuchar una enseñanza, sino de tomar Sus principios para poder penetrar esas esferas de Dios que nos llevan a conocerlo realmente.

1 | Pensad Atentamente En El Cielo

Entre más luz tengo, más alcance de visión voy a tener. Y en este tiempo es sumamente importante tener un adecuado y poderoso alcance de visión. Porque el no tenerlo va a propiciar el padecer una gran angustia y preocupación por las cosas que están sucediendo en este mundo.

Se avistan en el horizonte grandes conflictos que vienen sobre la tierra. Entonces si mi enfoque está en este mundo voy a sufrir los embates de grandes tribulaciones.

Es relevante entender el momento que estamos viviendo. **El Señor me dijo: no dejes de ver las artimañas del diablo, pero pon tu enfoque en el cielo.**

Si comparo lo que el diablo quiere hacer y sus obras, con la grandeza de Dios, lo que el enemigo tiene no es absolutamente nada. Esto implica, que la acción inteligente es enfocarme en los diseños celestiales.

Quiero que veamos un pasaje en el libro de Enoc el cual es paralelo a un pasaje donde el apóstol Pablo habla de este mismo tema.

> Pensar atentamente en el cielo hijos del cielo,
> Y en toda la obra del altísimo, temedle y no os comportéis impíamente.
>
> | Enoc 100:1

> Si habéis resucitado con Cristo, Buscar las cosas de arriba, donde está Cristo sentado a la diestra de Dios. Poner la mira en las cosas de arriba no en las de la tierra.
>
> | Colosenses 3:1-2

Enoc hace énfasis en que nuestro enfoque debe ser con toda atención y también dice:*No debes temer aquellos que os turban porque el restablecimiento será vuestro*[23].

Entonces lo que Dios quiere decir con esto es que quitemos nuestra mirada de todo el complot y el conflicto que se está organizando aquí abajo en la tierra.

Una resplandeciente luz brillará a vuestro alrededor y la voz de la paz se oirá desde el cielo[24].

En esto es donde nos tenemos que enfocar, y de ahí la insistencia en que conozcamos nuestra naturaleza de luz.

Dónde está mi enfoque, ahí está mi conciencia, y mi nivel de luz.

Imagina que estás en una casa completamente oscura, antigua, y no puedes ver absolutamente nada. Entonces oyes el ruido de las cucarachas y los ratones y esto te asusta. ¿De donde me van a salir? Te preguntas. Enciendes un fósforo y con esta mínima luz empiezas a tratar de localizar en donde se encuentran estos animales. De esta manera es el cristianismo actual.

No podemos desde la dimensión de la oscuridad de la tierra conocer y deshacer los planes del diablo. Tal vez encontremos una rata y la podemos matar. Pero ¿qué pasaría si nos conectamos a dónde está el interruptor general de luz de toda la casa? En un instante, al activarlo, toda la casa se llena de luz.

¿Quién va a estar más en estrés en ese momento, nosotros o las cucarachas y las ratas?

Obviamente estos últimos; porque al conectarte a la fuente de La Luz ya tienes toda la victoria. Todos los escondrijos y los huecos donde se escondían quedaron

[23] - Enoc 95

[24] - Enoc 95

expuestos a la luz y este es el verdadero evangelio del reino. El interruptor del cielo que alumbra sobre toda la tierra es la ciudad del Dios vivo, la nueva Jerusalén que Jesús estableció por medio de su resurrección, en el Santo Monte de Dios.

> Nadie pone en oculto la luz encendida, ni debajo de la almohada, sino en el candelero, para que los que entren vean la luz.
> **| Lucas 11:33**

Él, ciertamente no escondió la Luz suprema, la que radia más que el sol y que la luna, la puso en Su Santo Monte para que alumbre a todos los hombres.

Algo muy importante que tenemos que entender a este respecto y quiero que lo grabe en su corazón:

Si mi enfoque es estar atentamente pensando en el cielo, ahí es donde va a estar mi conciencia y mi nivel de luz.

Contrariamente a esto, si estoy enfocado en la enfermedad, en los virus, en el temor que se ha desatado en este mundo, en los problemas por los que estoy atravesando, en ¿como será el fin del mundo?, ese va a ser mi nivel de conciencia y mi nivel de luz. Desgraciadamente si este es mi enfoque está muy lejos de ser la luz, no es sino, oscuridad.

Pero si mi enfoque es el cielo, todas mis necesidades serán suplidas en abundancia, tal como dijo Jesús: *buscad primeramente el reino de Dios y su justicia y todas estas cosas os serán añadidas*[25].

[25] - Mateo 6:33

2 | La Ciudad del Dios Vivo

Ahora veamos cómo la ciudad Dios, la Nueva Jerusalén es el mismo reino de Dios, qué Jesús trajo a la tierra. Es la ciudad que vieron y acariciaron los antiguos héroes de la fe pero que Dios nos la entregó a nosotros. Es ahí donde está nuestra identidad como hijos de Dios y como ciudadanos de los cielos.

De estos escribe el autor de hebreos:

> Por la fe Abraham, siendo llamado, obedeció para salir al lugar que había de recibir como herencia; y salió sin saber a dónde iba.
>
> Por la fe habitó como extranjero en la tierra prometida como en tierra ajena, morando en tiendas con Isaac y Jacob, coherederos de la misma promesa; porque *esperaba la ciudad que tiene fundamentos, cuyo arquitecto y constructor es Dios.*
>
> Conforme a la fe murieron todos éstos sin haber recibido lo prometido, sino mirándolo de lejos, y creyéndolo, y saludándolo, y confesando que eran extranjeros y peregrinos sobre la tierra.
>
> Porque los que esto dicen, claramente dan a entender que buscan una patria;
> pues si hubiesen estado pensando en aquella de donde salieron, ciertamente tenían tiempo de volver.
>
> Pero anhelaban una mejor, esto es, celestial; por lo cual Dios no se avergüenza de llamarse Dios

de ellos; porque les ha preparado una ciudad.

| Hebreos 11:8-10 y 13-16

Abraham entró a la tierra prometida, la recibió como herencia, tuvo inconmensurables riquezas, se le dio el poder para vencer a sus enemigos, de conocer y de honrar al sumo sacerdote Melquisedec, se le fue revelado por inspiración la ley de Dios. Con todo esto nunca puso sus ojos en la tierra, su mirada estaba de continuo en en los cielos, buscando la ciudad celestial.

Esta frase: *por lo cual Dios no se avergüenza de llamarse Dios de ellos*, implica, que hay aquellos de los cuales sí se avergüenza, y otros de los cuales él se siente honrado. Éstos últimos son los que tienen la mirada en la ciudad de Luz.

El nuevo pacto, y la obra de Jesucristo en el hombre son el misterio más glorioso que la mente humana sea capaz de comprender.

El Antiguo Pacto fue exterior, Dios habitaba fuera del hombre, el Nuevo Pacto es interior. Dios hizo de nosotros Su tabernáculo y puso sus leyes en nuestro corazón. En su inconmensurable grandeza, puso por su Espíritu todo lo celestial dentro del corazón de cada uno de sus hijos.

Lo insólito de todo esto es que no tenemos un pedacito de Dios, tenemos todo lo que Él es, todo el universo y todo Su reino morando dentro de nosotros. Cómo se lleva a cabo esta gran maravilla, es lo que vamos a ir desarrollando paso a paso.

Ahora bien, de la misma manera que el Nuevo Pacto es diferente en su forma al Antiguo, ya que uno es interno y el otro externo; también las dos ciudades la terrenal y la celestial difieren en su esencia fundamental. Lo celestial es sobre lo terrenal, y cuando ha sido establecido lo que viene del cielo, lo que es de la tierra pierde su función. Dios ya no habita en el Arca del Pacto, el Arca celestial tomó su lugar dentro del Altísimo. Por esta causa la Jerusalén que es terrenal, deja de ser el centro de la actividad divina, para dar lugar a la celestial. La primera es local, está sobre el territorio de Israel y es para los judíos. La segunda es mundial y está sobre toda la tierra y es tanto para judíos como para griegos, como para todas las nacionalidades.

La nueva Jerusalén se hace visible, o se hace palpable en la tierra en la medida que sus hijos la abrazan y la conciben. En la medida en que se nutren de ella.

En otras palabras, entre más real sea la Nueva Jerusalén en mi vida, entre más la entienda, más la estoy bajando de los cielos a la tierra.

Si concibo la Nueva Jerusalén con mi mente natural, la voy a imaginar como algo físico, parecida a una hermosa ciudad de la tierra llena de gloria y esplendor. Pero esa es la forma de pensar conforme a la tierra, en las tres dimensiones que estamos acostumbrados a ver todas las cosas.

La nueva Jerusalén no es de la tierra, y de hecho está en medio de nosotros. Invisible a los ojos naturales, pero poderosamente real para los sentidos espirituales.

Adán fue creado dentro de la ciudad de Dios, el jardín era parte de ella. Él la vivió, la experimentó, disfrutó sus ríos, comió de sus árboles y del eterno árbol de la vida. Juan cuando fue llevado al cielo para ver los grandes misterios del Reino, vio la nueva Jerusalén. Estaba en la dimensión que no tiene tiempo viendo lo mismo que vio Adán.

En la epístola a los Hebreos leemos claramente cómo nos ha sido entregada a la ciudad.

> sino que os habéis acercado al monte de Sion, a la ciudad del Dios vivo, Jerusalén la celestial, a la compañía de muchos millares de ángeles,
>
> a la congregación de los primogénitos que están inscritos en los cielos, a Dios el Juez de todos, a los espíritus de los justos hechos perfectos,
>
> a Jesús el Mediador del nuevo pacto, y a la sangre rociada que habla mejor que la de Abel.
>
> **| Hebreos 12:22-24**

Cuando leemos que nos hemos acercado, no quiere decir que estamos separados de todas estas cosas, esperando ver cuándo podemos entrar o disfrutar de ellas, sino que implica lo qué se nos ha entregado. Al final de este pasaje vemos que nos hemos acercado a Jesús y a su sangre y esto no quiere decir que estamos cerca de Él, porque Él está En nosotros lo mismo que su sangre.

Lo que está queriendo decir aquí es que por medio de Jesús y de su sangre es que podemos entrar, y estar en contacto con todas estas cosas. Todos estos ángeles son parte de la ciudad celestial la cual abre sus puertas para nosotros.

La ciudad celestial está en medio de nosotros, compuesta de todos los Santos de todas las generaciones. Todos ellos vivos, los que han sido y los que han de venir. *Porque Dios no es Dios de muertos, sino de vivos pues para él todos viven*[26]. Está llena de ángeles qué sirven y ministran a todos sus ciudadanos. En ella está el trono de justicia

---

[26] - Lucas 20:38

desde donde el Padre juzga toda la tierra y la sangre de Jesús alcanza en su misericordia a todos los que han de ser salvos.

En varias ocasiones Dios me ha permitido entrar y caminar por la ciudad, en las esferas celestiales.

La ciudad no es como las metrópolis de la tierra que existen en un solo plano de tres dimensiones. La ciudad tiene infinitas puertas internas que conducen al conocimiento de Dios y cada una abre lugares que sólo se pueden ver y entender desde esa dimensión. Es desde esta ciudad donde Enoc pudo ver los diversos cielos, y Job el lugar de la luz, y donde mora la sabiduría. Ahí se encuentran los almacenes de toda provisión divina, los tesoros de la nieve y del granizo, el ordenamiento de las innumerables huestes diversas de ángeles. En medio de ella está el gran trono de Dios, el arca no hecha de manos eterna en el cielo, la gran corte de justicia celestial. En la ciudad está el paraíso, y éste se refleja en la tierra para los hijos de Luz.

En el lugar de la sabiduría está la gran biblioteca eterna con los libros del cielo, con todo el conocimiento que se nos puede entregar. Ahí están todos los idiomas de la tierra y del cielo, todos los inventos y tecnologías que se van revelando a los hombres en la tierra por Su sola gracia y potestad.

Es al estar presentes en el Espíritu que toda la ciudad se activa. La ciudad es el ámbito donde podemos ser trasladados de un lugar a otro física o espiritualmente. Es la ciudad, la que le permitió a Ezequiel ser tomado de las guedejas y ser llevado por el Espíritu para ver la ciudad de Jerusalén y las abominaciones que se cometían en el templo.

Dentro de la ciudad hay puertas, pero no como las nuestras, sino como atmósferas qué podemos atravesar de una a la otra. Son entradas a dimensiones como las qué experimentó Juan cuando fue arrebatado al cielo. Estuvo frente al trono y de ahí pasó a un lugar frente al mar, después frente a otro lugar donde el mar era de vidrio y de fuego, luego subió al monte de Sion. Dios lo llevaba de un lugar a otro porque la ciudad no es estática, sino que está en un continuo movimiento revelando diferentes lugares, tesoros y secretos del Dios vivo.

Felipe fue traspuesto, de un lugar a otro, porque entró en la ciudad. Elías era transportado por carros de fuego de un lugar a otro, todo el tiempo, porque conoció el transporte dentro de la ciudad.

Pablo podía estar en un lugar, y estar con los hermanos en otro lugar distante, porque vivían en la dimensión de la ciudad.

> ...porque, aunque estoy ausente en cuerpo, no obstante, en espíritu estoy con vosotros, gozándome y mirando vuestro buen orden y la firmeza de vuestra fe en Cristo.
>
> **| Colosenses 2:5**

Todas estas cosas nos parecen insólitas y ajenas a la realidad del siglo XXI, pero no lo son. Jesús les dijo a sus discípulos que el más pequeño en el reino de Dios era mayor que todos los profetas del Antiguo Testamento. Esto implica ser mayor que Elías, mayor que Moisés y que todos los demás.

Amado, estas cosas están sucediendo hoy en día. Todos calificamos para ser el menor en el reino. Dios sólo está buscando quien las pueda creer.

Nosotros hemos visto y experimentado este tipo de milagros varias veces en nuestra vida, y no somos especiales, a ti te puede suceder lo mismo.

Cuando el cielo se revela y nos permite ver una visión, penetrar el lugar de su sabiduría para recibir una lengua extranjera o carreras completas o ver el trono de sus juicios, es porque estamos penetrando la ciudad. Cuando Dios nos permite ver ángeles o la multiplicación inexplícita de nuestros bienes, o experimentar algo del cielo en la tierra, es porque la ciudad se está manifestando.

La ciudad es el lugar donde Dios gobierna sobre la tierra. Cada vez que algo sobrenatural opera en nuestras vidas, sucede porque hemos hecho una intermitencia en la ciudad. De esta manera es que recibimos los milagros creativos más extraordinarios.

Pero el llamado que Dios está haciendo, no es para entrar en ella ocasionalmente sino para que seamos columnas dentro de Su templo y puertas entre el cielo y la tierra.

> Revelo otro misterio: a los justos y a los sabios se les entregarán libros de dicha, de integridad y de sabiduría. Los libros le serán entregados y en ellos creerán; y se alegrarán. Todos los justos serán recompensados, y de ellos adquirirán el conocimiento de los caminos rectos.
>
> **| Enoc 104: 10-11**

Ahí están las mansiones de las luminarias y las de los santos, y los depósitos de las armas celestiales, los tesoros celestiales, los almacenes de órganos y los de plantas medicinales del cielo.

En una ocasión estaba en Alemania con un grupo de hermanos en su mayoría apóstoles y profetas, éramos doce en total.

Durante tres días nos reunimos y entramos en las dimensiones del Espíritu. Cada día experimentamos un silencio y una paz muy profundos que nos fueron uniendo como si fuéramos una sola mente y una misma alma. Todos pensábamos y sentíamos lo mismo exactamente al mismo tiempo, era algo muy único, muy incomprensible. Cuando los ángeles adoraban en medio de nosotros, todos a una voz cantábamos exactamente la misma melodía, en el mismo tono y terminábamos en un preciso segundo al mismo tiempo. Como si una batuta invisible orquesta nuestras voces con sus tempos. Estábamos atónitos de tal unidad.

Al tercer día, todos, como si fuéramos uno solo, aparecimos en la ciudad celestial. Era gloriosa, estaba llena de hijos de Dios todo ellos luminosos, ángeles caminaban en medio de ellos, otros volaban. Toda la ciudad resplandecía, el agua de los ríos era como oro líquido lleno de luz y colores. El árbol de la vida era como muchos árboles unidos entre sí formando un solo tronco con ramas de copioso follaje, todas ellas brillantes como oro y diamantes con fuego todas las hojas emitían luz. Era majestuoso, lleno de resplandores de colores que iban variando y ocupaba el centro del jardín.

Mientras admirábamos extasiados tanta belleza se hizo un gran alboroto. De todas partes de la ciudad, llegaron cientos de entre la nube de testigos. Todos estaban regocijándose y gritaban con gran alegría los unos a los otros al vernos: "Finalmente lo entendieron, finalmente pudieron entrar".

Nunca podré olvidar tales miradas de gozo. Nuestro entendimiento cambió por completo. Sabíamos que habíamos penetrado algo que iba a ir en aumento y que abriría el camino para que millones pudieran entrar.

Pablo compara la ciudad celestial y la terrenal con Sarah y Agar. *La primera es la libre representa la ciudad del Espíritu, porque dónde está el Espíritu de Dios ahí hay libertad*[27]. La segunda es la esclava que está bajo la ley y la carne[28].

Ahora bien, la libre difiere completamente de la esclava, y no se combinan entre sí. En la ciudad de Dios, no hay diferencia entre unos y otros ya que todos están revestidos del nuevo hombre el cual es conforme a la imagen del que lo creo.

> Dónde no hay griego ni judío, circuncisión ni incircunsición, bárbaro ni escrita, siervo ni libre, sino que Cristo es todo y en todos.
>
> | **Colosenses 3:11**

3 | La Esposa Del Cordero

Entrar a la Nueva Jerusalén tiene que ver primeramente con el entendimiento de quiénes somos como la esposa del Cordero. El matrimonio en la tierra es la unión de dos almas, de dos cuerpos, de dos espíritus que se unen para ser uno solo, una misma carne. En sentido espiritual el matrimonio místico de Cristo y su iglesia es la unión del Espíritu de Dios con el espíritu del hombre.

Por eso dice la escritura:

> Porque nadie aborreció jamás a su propia carne, sino que la sustenta y la cuida, como también Cristo a la iglesia,

---

[27] - 2 Corintios 3:17
[28] - Gálatas 4:24-30

porque somos miembros de su cuerpo, de su carne y de sus huesos.

Por esto dejará el hombre a su padre y a su madre, y se unirá a su mujer, y los dos serán una sola carne.

Grande es este misterio; ***mas yo digo esto respecto de Cristo y de la iglesia.***

| Efesios 5: 29-32

Y también dice Pablo a este respecto:

Pero el que se une al Señor, un espíritu es con Él.

| 1 Corintios 6:17

La única forma en que podemos ser el cuerpo de Cristo, miembros de su carne y de sus huesos es siendo su esposa.

4 | La Ciudad Desciende A La Tierra

Recordemos que, en las esferas espirituales, en el cielo, no hay tiempo. Luego cuándo Juan vio la nueva Jerusalén, estaba mirando el momento glorioso en que Jesús se une con su naciente iglesia, para habitarla y ser uno con ella.

Esto sucede precisamente en el aposento alto el día de Pentecostés, con ciento veinte hombres y mujeres que estaban reunidos en unanimidad.

Cuando llegó el día de Pentecostés, ***estaban todos unánimes*** juntos. Y de repente vino del cielo un estruendo como de un viento recio que soplaba, el cual llenó toda la casa donde estaban sentados; y se les aparecieron lenguas repartidas, como de fuego, asentándose sobre cada uno de ellos. Y fueron todos llenos del Espíritu Santo,

> | Hechos 2:1-4a

Esta es la primera vez en que Dios viene a habitar a su pueblo y a hacer su tabernáculo en aquellos que creen en su nombre.

Es en el momento sublime, en que somos completamente llenos, saturados y revestidos del Espíritu de Dios, que nos volvemos miembros de su cuerpo, de su carne y de sus huesos29.

El cuerpo de Cristo no es una organización religiosa, es la unión vital y soberana de estos dos espíritus. Sólo la esposa tiene el derecho de la más profunda intimidad con Cristo, y al ser llena de este amor inconmensurable, es que puede y anhela estar sujeta completamente al Señor como su cabeza.

Porque el compromiso genuino lo tiene la esposa, no la novia.

Esto ha dado como resultado que mucha iglesia tenga una forma de pensar y de actuar muy distante a la mente de Cristo.

> Sesenta son las reinas, y ochenta las concubinas,
> Y las doncellas sin número;
> Mas una es la paloma mía, la perfecta mía; La vieron las doncellas, y la llamaron bienaventurada;
> Las reinas y las concubinas, y la alabaron.
>
> | Cantares 6:8-9b

[29] Efesios 5:30-31

Ahora, hay un llamamiento divino que está sucediendo en estos momentos, es como la palabra que dice en Apocalipsis: el espíritu y la esposa dicen ven. La nueva Jerusalén está llamando a sus hijos. La esposa tiene el poder de llamar y la posición para atraer los que van a ser los verdaderos hijos del Altísimo.

La luz de la nueva Jerusalén debe alumbrar en estos momentos la tierra, y el cielo está urgido de que esto suceda, por eso detuvo toda la iglesia a nivel mundial. (Pandemia 2020).

5 | La Unanimidad de la Esposa

Una mañana, antes de la salida del sol pude ver el poder del cuerpo de Cristo unido en el Padre. Como la suma de todas las luces que somos, cada uno de nosotros nos vamos volviendo como un rayo láser que se gesta dentro del Él. Esta potencia contiene las oraciones de los que están en unidad. Cuando una petición es levantada por alguno de nosotros, pasa por la unidad, por el láser, y se potencializa dentro del Padre. Esto hace que sea respondida de inmediato. Jesús operaba desde esa potencia, desde esa unidad con el Padre.

El cuerpo unido es dentro de Jesús y Jesús dentro del Padre todo fundido entre sí. Por eso insistía en enseñar que Él y el Padre eran uno. Era desde esa unidad que el Padre en Él hacía las obras.

Lo mismo es ahora con su cuerpo, con sus hijos, los que se han vuelto al Padre.

Toda la creación está unida en el Padre por lo que responde a la manifestación de los hijos, porque ellos manifiestan al Padre.

La unidad es el poder que atrae a otros dentro del Padre, porque el Padre UNO es.

> ...para que todos sean uno; como tú, oh, Padre, en mí, y yo en ti, que también ellos sean uno en nosotros; para que el mundo crea que tú me enviaste.
>
> La gloria que me diste, yo les he dado, para que sean uno, así como nosotros somos uno.
>
> **| Juan 17:21-22**

UNO, es la naturaleza unificadora del Padre. **Conocer al Padre es conocer Su unicidad**. El que lo conoce, no puede vivir en separación, no la tolera, le duele profundamente lo mismo que al Padre, por eso busca unirse.

La verdadera unidad sólo puede empezar por el Espíritu. En el alma cada cabeza es un mundo, imposible de unificarse entre sí. El alma puede tener vínculos de unidad social pero no puede por sí misma alcanzar la unicidad, ésta sólo procede del Padre.

Sólo el Señor puede ir uniendo cada pieza y cada coyuntura, formando un edificio perfecto.

Cuando conocemos al Padre en Su naturaleza de unicidad, es que nos podemos conocer a nosotros mismos, y reconocer en los demás la misma naturaleza de Dios que vive en uno y en el otro. Viendo en cada uno la imagen de Cristo.

Por eso era importante que estuvieran unánimes en el aposento alto, para recibir el Espíritu del Padre y el poder que los iba a investir para cambiar el mundo.

Cuando nos unimos por los lazos del amor del Padre somos reparadores de portillos y creamos calzadas para habitar. Es en esa unidad que los Misterios de Dios nos son revelados.

> Para que sean consolados sus corazones, **unidos en amor**, hasta alcanzar todas las riquezas de pleno entendimiento, a fin de conocer el misterio de Dios el padre y de Cristo en quien están escondidos todos los tesoros de la sabiduría y del conocimiento.
>
> **| Colosenses 2:2-3**

Capítulo 4

EL TABERNÁCULO DE DIOS CON LOS HOMBRES

1 | El Monte De Sion

El libro de Daniel nos habla de cuando el profeta está analizando el sueño del rey Nabucodonosor. Éste ve cómo del cielo sale una roca que golpea los pies de la imagen que el rey había visto en sueños. Estos pies simbolizaban al imperio Romano y la roca obviamente es Cristo quien viene del cielo a destruir este imperio en el siglo I.

> Entonces fueron desmenuzados también el hierro, el barro cocido, el bronce, la plata y el oro,

> y fueron como tamo de las heras del verano, y se los llevó el viento sin que ellos quedara rastro alguno. Más la piedra que hirió a la imagen fue hecha un gran monte que llenó toda la tierra.
>
> **| Daniel 2:35**

Cristo fue la Roca, la piedra de tropiezo para el pueblo de Israel, pero se convirtió en el gran monte de Sion que cubre toda la tierra. Es precisamente sobre este gran monte, que es Cristo mismo sobre el cual está asentada la ciudad del Dios vivo.

> Y me llevó en el espíritu *a un monte grande y alto* y me mostró la gran ciudad santa de Jerusalén que descendía del cielo, de Dios
>
> **| Apocalipsis 21:10**

Aquí, Juan está viendo a la ciudad celestial descender del cielo, pero dice también que desciende de Dios. La ciudad estaba en Dios y descendió de Él al hacer Su tabernáculo en medio de los hombres.

> Y yo Juan vi la santa ciudad, la nueva Jerusalén, descender del cielo, de Dios, dispuesta como una esposa ataviada para su marido. Y oí una gran voz del cielo que decía *he aquí el tabernáculo de Dios con los hombres*, y el morará con ellos y ellos serán su pueblo y Dios mismo estará con ellos como su Dios.
>
> **| Apocalipsis 21:2-3**

Aquí estamos leyéndolo con toda claridad que el tabernáculo de Dios con los hombres es la Nueva Jerusalén.

Ahora, es un conocimiento común que somos el templo del Espíritu Santo y que Dios mora con nosotros, pero por causa de las falsas teologías, fueron separadas la Nueva Jerusalén de la morada de Dios con nosotros. Esta forma de pensar le roba a la iglesia las más grandes bendiciones celestiales.

> El que venciere heredará todas las cosas y yo seré su Dios y él será mi hijo.
> | **Apocalipsis 21:7**

> ¿Quiénes son los que heredarán las cosas del Espíritu? ¡Los hijos de la Libre!, los hijos de la ciudad celestial.
>
> Así que, hermanos, nosotros, como Isaac, somos hijos de la promesa.
>
> Pero como entonces el que había nacido según la carne perseguía al que había nacido según el Espíritu, así también ahora.
>
> Mas ¿qué dice la Escritura? Echa fuera a la esclava y a su hijo, *porque no heredará el hijo de la esclava con el hijo de la libre.*
> | **Gálatas 4:28-30**

El sistema religioso que está esperando que la tierra se destruya para que descienda la nueva Jerusalén, definitivamente no puede heredar las cosas que Dios tiene para nosotros, esto es un privilegio que sólo lo tiene "la libre".

¡Echa fuera a la esclava! Esta es una acción determinante, porque la esclava no puede heredar con la libre. Esto es echar fuera todo sistema de esclavitud de nuestra vida. La manera en que nos movemos en un sistema de méritos, lo que consideramos que es nuestra obra, nuestros esfuerzos, el precio que hemos pagado, el orgullo de haber edificado una iglesia, el dinero que hemos ofrendado, cuantas horas oramos al día etc. Todo esto es ley, religión y es muerte. Cuando cambiamos nuestra relación con Dios, el recibir directamente de su Espíritu, para recibir solamente del hombre lo que debemos conocer de Dios, nos estamos haciendo esclavos del sistema. Los siervos de Dios te podemos dar muchas cosas maravillosas, pero jamás debemos ocupar el lugar de Dios en tu vida.

¡Echa fuera todo eso, te dice el Señor! Porque esto no tiene nada que ver con el Espíritu de libertad que procede de la unión con Cristo, la cual es "la libre".

Toda forma de pensar que te ancle a la tierra y al sistema de este mundo échalo fuera. Todo lo que te lleve a pensar que Dios tiene que actuar desde una forma externa, échalo fuera. Porque el Nuevo Pacto no tiene nada que ver con el Antiguo. Tiene que ver con Dios revelándose a nuestros corazones y nosotros viviendo a través de Él. Entonces la vida de Dios se resume no en lo que hacemos, si no en lo que somos.

2 | La Libre Tiene La Gloria De Dios.

> Y me llevo en el espíritu a un monte grande y alto, y me mostró la gran ciudad santa de Jerusalén, que descendía del cielo de Dios, **teniendo la gloria de Dios.** Su fulgor era semejante al de

una piedra preciosísima como piedra de jaspe diáfana como el cristal.
| **Apocalipsis 21:10-11**

Aquí estamos viendo que el diseño de Dios es que Él no sólo nos justificó, sino que también nos glorificó.

Por qué a los que antes conoció, también los predestinó para que fuesen hechos conforme a la imagen de su hijo, para que él sea el primogénito entre muchos hermanos. Y a los que predestinó, a estos también llamó; y a los que llamó, a estos también justificó y a los que justificó *a estos también glorificó*.
| **Romanos 8:29-30**

Esa glorificación es la entrada a la nueva Jerusalén, lo cual no es algo externo, sino interno.

Esta gloria es el mismo Espíritu Santo morando dentro de nosotros. **Es en la medida que entiendo el reino de Dios, las dimensiones celestiales, y la plenitud de la herencia que me ha sido entregada, en que descubro la medida del Espíritu Santo que me ha sido entregado.**

Descubrimos la plenitud del Espíritu Santo dentro de nosotros, en la medida que conocemos a Dios y a su reino.

Un reducido entendimiento del Reino de Dios va a producir reducidas manifestaciones del Espíritu Santo. Un amplio conocimiento del Reino de Dios va a abrir en mí las inconmensurables dimensiones del Espíritu Santo. Esto va mucho más allá de ejercer los dones del Espíritu, ya que una cosa son los dones y otra el Espíritu mismo.

Notemos en el siguiente pasaje como la glorificación está íntimamente ligada al derramamiento del Espíritu Santo.

> El que cree en mí, como dice la escritura, de su interior correrán ríos de agua viva. Esto dijo del Espíritu que habían de recibir los que creyesen en el; pues *aún no había venido el Espíritu Santo porque Jesús no había sido aún glorificado*.
>
> | Juan 7:38-39

Luego, al Jesús ser glorificado en su reino, puede derramar el Espíritu de su misma gloria, y esto es lo que recibimos por herencia.

3 | Cambio De Época

Vimos, como el Antiguo Pacto es externo y el nuevo pacto es interno. Cuando Dios habla de hacer un nuevo pacto dice que va a ser algo completamente diferente al anterior. Y este nuevo pacto tiene que ver con Dios escribiendo sus leyes en nuestros corazones.

Esto es muy importante entenderlo porque cincuenta días después de la Pascua cuando Moisés salió con el pueblo de Israel fuera de Egipto, el monte Sinaí se llenó de fuego, de humo, de relámpagos. Fue entonces cuando Dios escribió las tablas de la ley en piedra.

Esto es figura y sombra de lo que sucedería cuando se derramaría el Espíritu Santo en el día de Pentecostés. Cuando sucedió vemos los mismos símbolos apareciendo: el fuego el viento recio, tembló la tierra.

Entonces cuando desciende el Espíritu Santo cincuenta días después de la Ascensión es que son impresas las leyes de Dios en el corazón del hombre. Es a partir de ese momento que se establece el templo de Dios dentro del ser humano.

Dios siempre ha hablado de un remanente, el cual en este caso está siendo llamado desde el monte de Sion en la ciudad celestial. Es en este monte donde se encuentra la autoridad de Dios, el reino del Dios viviente.

Lo que quiero que vea ahora es como el Pentecostés en el primer siglo, trajo el cambio completo de una era, de la misma manera que cuando fueron escritas en el monte Sinaí las tablas de la ley. Fue en aquel momento qué dio principio la era Mosáica.

En estos momentos de la historia es muy claro que estamos entrando en un cambio de era. Desde el más pequeño hasta el más grande está recibiendo que algo está cambiando radicalmente en nuestro planeta.

En el monte de Sion va a haber salvación, pero a su alrededor va a haber mucha tribulación. De la misma manera que cuando fue derramado el Espíritu Santo en el día de Pentecostés en el siglo primero, fue para salvar a cuanta gente fuera posible antes que viniera el gran juicio sobre Jerusalén.

4 | El Fruto De La Glorificación

Veamos ahora cómo se lleva a cabo nuestra glorificación. Todo el plan de Dios está orientado a glorificar a sus hijos: *a los que llamó también justificó y a los que justificó a estos también glorificó.*

Esto fue escrito así porque Dios quiere que la gloria de Jesucristo sea vista aquí en la tierra por medio de un remanente. Estos son los hijos del Espíritu, los hijos de la Jerusalén del Espíritu la cual es madre de todos nosotros.

Veamos el capítulo el cual tiene que ver con la glorificación de los hijos de Luz.

> Levántate resplandece porque ha venido tu luz, y la gloria de Jehová ha nacido sobre de ti.
>
> **| Isaías 60:1**

Esa luz de la cual está hablando aquí no es otra cosa sino la luz de Jesucristo morando en nosotros; pero Dios quiere llevarnos a la experiencia total de la glorificación mientras estamos aquí en el mundo.

Erróneamente se ha predicado que aquí en la tierra somos justificados y sólo tras morir es que vamos a ser glorificados, pero esto está muy lejos de ser la realidad que Cristo vino a traernos.

Ahora bien, cuando el Señor habla acerca de la Nueva Jerusalén, dice que habrá naciones que serán salvas, y que éstas van a traer su gloria a la ella.

> Y las naciones que hubieren sido salvas andarán a la luz de ella; Y los reyes de la tierra traerán su gloria y honor a ella.
>
> Sus puertas nunca serán cerradas de día, pues allí no habrá noche y llevarán la gloria y la honra de las naciones a ella.
>
> **| Apocalipsis 21:24-26**

Si Jesús en su gloria nos está hablando de naciones que serán salvas, nos da a entender que habrá naciones que no lo serán. De otra manera diría todas las naciones traerán su gloria a la Nueva Jerusalén.

Este escenario solamente se puede dar en la tierra ya que es ahí donde está la diferencia entre unas naciones y otras. En medio de éstas se manifiesta la ciudad de Dios, la cual ellos pueden reconocer y traerle sus riquezas y su gloria. Esto nos hace ver la manifestación de una ciudad celestial en medio de un mundo físico.

Se ha enseñado que la tierra tiene que ser destruida para que la Nueva Jerusalén se manifieste, pero esto es contrario a lo que Jesús, el Espíritu de la profecía, está exponiendo.

> No entrará en ella ninguna cosa inmunda, o que hace abominación y mentira, sino solamente los que están inscritos en el libro de la vida del Cordero.
>
> **| Apocalipsis 21: 27**

Un estatuto, o una ley existen cuando hay la posibilidad de transgredirlos. La prohibición, que le niega la entrada a la ciudad, a lo inmundo y abominable, es establecida porque existe la eventualidad de qué alguien con estas características quiera entrar en ella.

El ámbito de lo celestial, la Ciudad del Dios vivo, es lo que rige sobre lo terrenal. Es una manifestación celestial en medio de la tierra hoy por hoy. De la misma manera que Babilonia[30] es una ciudad que también gobierna sobre naciones en la dimensión de las tinieblas.

[30] - Apocalipsis 17:18

Es importante entender que sólo podemos tener aquello que podamos creer. **El nivel en que estamos conscientes de la realidad del cielo es el nivel de nuestra luz.** Entonces entre más consciente esté yo de los diseños de Dios en mi vida, más luz voy a emanar.

En el libro de Enoc está escrito: *pensad atentamente en el cielo, hijos del cielo, Y en toda la obra del altísimo.* Entre más consciente esté de esto, más puedo penetrar en las dimensiones de la ciudad.

Como Emerson, siempre ha dicho, tenemos el mundo que nosotros hemos creído. Si yo creo en un mundo en que puedo ser atacada por cualquier cosa incluyendo los demonios, efectivamente voy a ser atacada de esa manera.

Pero si lo que creo es que estoy rodeada de ángeles, pues muy posiblemente voy a ver y tener interacción con muchos de ellos.

Cuesta el mismo trabajo creer que estoy rodeada de demonios o que estoy rodeada de ángeles. Porque lo que es cierto es que de la misma manera que el infierno ha invadido la tierra, el cielo lo ha hecho en un nivel mucho más poderoso.

Lo que el Señor quiere mostrarnos aquí es que la Nueva Jerusalén es efectivamente el tabernáculo de Dios con los hombres, Cristo y el Padre morando dentro del creyente. Él en nosotros, y nosotros en él. La ciudad en nosotros, y nosotros en la ciudad.

> Y vi un cielo y una tierra nuevos, porque el primer cielo y la primera tierra pasaron y el mar ya no existía más.
>
> Y yo Juan vi la santa ciudad, la nueva Jerusalén,

descender del cielo de Dios, dispuesta como una esposa ataviada para su marido.

Y oí una gran voz del cielo que decía: he aquí el tabernáculo de Dios con los hombres, y el morará con ellos y ellos serán su pueblo, y Dios mismo estará con ellos como su Dios.

| Apocalipsis 21:1-3

Si al leer este primer versículo lo hago con una mente natural, voy a pensar en mi razonamiento, que se refiere a un nuevo planeta que va a existir en el futuro. Pero lo que Dios realmente está hablando aquí, es la manifestación divina de El, qué venía a cambiar todas las cosas.

Cuando está hablando de un nuevo cielo y una nueva tierra se refiere a que antes que Cristo viniera en carne, los cielos y la tierra estaban completamente en tinieblas por la separación de Dios y el hombre. Cada uno de nosotros hemos venido a un mundo en el cual ya por más de 2000 años Dios ha llenado la tierra de Su gloria, pero esto no era así antes de Jesucristo.

El diablo realmente tenía el dominio y el control de toda la tierra. El cielo y la tierra estaban en completa desunión y el trono de Jesucristo como rey estaba vacío. Esto va a cambiar radicalmente cuando Jesús asciende a los cielos y se sienta como majestad en las alturas. En ese momento, esa tierra llena de tinieblas que existió antes de Jesucristo ya no existe más. Hoy tenemos un mundo lleno de la gloria de Dios, eso es lo que dice la escritura.

Por supuesto no todo el mundo está consciente de esa gloria que existe en todos lados, pero cuando nuestro espíritu despierta nos podemos dar cuenta que realmente ahí está.

Tenemos que entender que no es lo mismo el cielo con el trono vacío y el cielo con Cristo sentado como Rey de reyes y Señor de señores reinando sobre toda la tierra. **Todo absolutamente todo cambió con la resurrección y la ascensión de Cristo Jesús.**

> Dijo Jesús: «Conoce lo que está ante tu rostro y lo que te queda oculto te será revelado, pues nada encubierto quedará sin revelar».
>
> **| Tomás 5 (apócrifo)**

Cuando hemos despertado podemos ver como el cielo ve, y lo invisible se rebela ante nuestros ojos.

Desde hace años suelo ir a la playa a ver el amanecer, porque hay cosas que suceden a esa hora de la mañana que no se dejan ver una vez que salió el sol.

Hay un momento en que todo se enfoca en él. No se escucha nada más, ya no hay pájaros, ni olas, ni nada, todo pasó a un segundo plano y lo único que arresta la mirada es la sublime majestad que lo empieza a llenar todo con su Luz. Hay los que ven un amanecer y hay los que ven más allá de lo visible, de lo obvio; la eterna grandeza de Dios derrochando sus riquezas en gloria.

En otra ocasión fui a la playa una tarde. Mientras caminaba vi un terreno baldío entre las dunas. El espíritu me impulsó a entrar por un caminito que se abría entre los altos montículos de arena y pasto. Al entrar era como una gran cazuela llena de flores silvestres. Sentí una paz infinita. De pronto el Señor resplandeció en todo lo creado. Todo irradiaba luz, las flores, las mariposas. La hierba brillaba como oro cristalino. Todo era hermosísimo, el suave viento que soplaba, la arena bajo mis pies. Entonces entendí con toda claridad que en él estamos, nos movemos y somos.

Toda la creación lo revela a Él y es el fruto visible de su impresionante amor y gloria con que hizo todas las cosas.

Todas las cosas creadas fueron meticulosamente pensadas y surgieron del corazón de Dios para llevar su sello y su inconmensurable sabiduría.

Yo como artista sé que una parte de mí se queda plasmada en cada una de mis obras de arte. Lo mismo sucede con cada una de las más grandes y de las más minúsculas creaciones de Dios, En cada una quedaron impresos parte de su mente y de su alma.

El Mar Ya No Existía Más

Volvamos al pasaje de Apocalipsis 19.

Cuando leemos estos pasajes que fueron escritos desde una dimensión celestial, con nuestra mente natural y nuestro entendimiento de tres dimensiones, jamás podremos llegar a comprender lo que significa.

Cuando dice que el mar no existía más, se está refiriendo a una región espiritual, no a los océanos y las aguas que hoy tenemos en el planeta. Es de esta región espiritual que surge la bestia del apocalipsis, y donde se sienta la gran ramera.

Es también una región de muerte, esto lo vemos muy claro en el apocalipsis cuando está hablando de las diferentes regiones que entregan a sus muertos.

> Y el mar entregó los muertos que había en él y la muerte y el Hades entregaron los muertos que estaban en ellos.
> **| Apocalipsis 20:13**

Si esta palabra se refiriera a los muertos ahogados en el mar, la escritura diría y el mar entregó a sus muertos y la tierra también a los suyos, pero está hablando de la muerte y del Hades. Esto nos demuestra que tanto el mar, la muerte y el Hades son regiones espirituales, y no lugares físicos.

El problema con que nos encontramos es que, a la hora de publicarse la palabra escrita, le fueron añadidos títulos a los capítulos que condicionan la mente del lector en una dirección manipulada. Uno de esos es: "cielo nuevo y Tierra, nueva".

Luego cuando Juan el apóstol, está hablando de este cielo y de esta tierra nueva, está implicando que la muerte y el Hades fueron juzgados y con ellos también toda esta región de la muerte que se encontraba en el mar.

¿En qué momento fueron vencidos la muerte y el infierno? En la resurrección de Jesucristo. Es en ese acto glorioso en que fueron conquistados y ya no tienen más poder sobre los verdaderos hijos de Dios. Es la resurrección, el poder de Dios que establece en nosotros su tabernáculo, el cual es la nueva Jerusalén.

A esto se refiere el evangelio verdadero, el de la gloria y la luz de Jesucristo el cual nos lleva a entender nuestra salvación desde la victoria de nuestro Dios.

Los que somos del día y de la Luz ya no nos encontramos sujetos a una tierra donde gobierna la muerte, el Hades y las aguas del abismo. Estamos bajo la autoridad y el dictamen de la Nueva Jerusalén, la ciudad del Dios vivo, la cual es el tabernáculo de Dios en los hombres.

Los que son del polvo, descienden al polvo. Los que son de la luz ascienden a la luz. El polvo atrae a los que son suyos y la luz a los que son de ella. Entre más luz somos, más el polvo va perdiendo su poder sobre nosotros.

> Sino **os habéis acercado al monte de Sion, a la ciudad del Dios vivo, Jerusalén la celestial,**
> | **Hebreos 12:22**

De esta gloriosa ciudad es de la que habló el profeta Isaías. Aquí vamos a ver cuál es el fruto visible de la ciudad de Luz cuándo se manifiesta en medio de un mundo de tinieblas.

> Porque he aquí que tinieblas cubrirán la tierra, y oscuridad las naciones; más sobre ti amanecerá Jehová y sobre ti será vista su gloria.
>
> Y andarán las naciones a Tu luz, y los reyes al resplandor de tu nacimiento.
> | **Isaías 60:2-3**

Vemos aquí otra vez, como hay naciones y reyes qué son dirigidos por una sabiduría y una luz diferente a la del mundo; ellos reciben lo que sale de la nueva Jerusalén y andan a la luz de este remanente. Esta es una luz de gobierno puesto que tiene que ver con naciones y con Reyes.

Tiene un poder de atracción gigantesco, porque la gloria de Dios es como un magneto cuyo poder atrae a sí misma todas las cosas de una forma impresionante.

Cuando este remanente empieza a brillar, va a atraer hacia la ciudad de Dios a todos los hijos del Altísimo que estaban inscritos ya en el libro de la vida, antes de la fundación del mundo.

Continúa diciendo, *levanta tus ojos y mira* y entonces empieza a describir cómo vienen sus hijos y cómo vienen todas las riquezas a ellos.

> Alza tus ojos alrededor y mira, todos estos se han juntado vinieron a ti; tus hijos vendrán de lejos, y tus hijas serán llevadas en brazos.
>
> Entonces verás, y resplandecerás; se maravillarán y ensanchará tu corazón porque se haya vuelto a ti la multitud del mar y las riquezas de las naciones hayan venido a ti.
> | **Isaías 60:4-5**

Ahora, aquí lo importante no es enfocarse en las riquezas, que es una de las cosas que han corrompido a la iglesia en muchos casos. Para ser el remanente debemos tenerlas bajo nuestros pies. Son parte de la Nueva Jerusalén los que verdaderamente han muerto al sistema de este mundo. Mientras esa muerte no se vea en nuestras vidas, mientras el grano no haya caído en tierra y haya muerto no puede dar fruto, ni podemos tener este nivel de luz, ni este poder de atracción.

Añade luego, lo qué simbólicamente representa lo mejor de la ofrenda para ser traída al altar de Dios.

> Todo el ganado del Cedar será juntado para ti; carneros de Nebaiot, te serán servidos; serán ofrecidos con agrado sobre Mi altar Y glorificaré la casa de Mi gloria.
> | **Isaías 60: 7**

Obviamente cuando desciende La nueva Jerusalén ya no existe más el sacrificio de carneros y ovejas.

Aquí no está hablando de un sacrificio para la expiación del pecado, sino algo que es traído, que nos es servido ya que nosotros somos el altar del templo. El Señor glorifica la casa de su gloria, cuando reconocemos lo que nos ha sido concedido y nos convertimos en los verdaderos hijos de Dios.

> ¿Quiénes son estos que vuelan como nubes, y como palomas a sus ventanas?
> **| Isaías 60: 8**

Cuando tienes la visión celestial de la Nueva Jerusalén, te vas a dar cuenta que la ciudad está asentada sobre el monte santo y éste a su vez está rodeado de nube. Esta nube que rodea el trono, y a la Nueva Jerusalén es una nube que viene a esconder los misterios de Dios.

La palabra establece que el trono del Altísimo está rodeado de una oscuridad, de una cortina de nubes.

> Puso tinieblas por su esconde Vero, por cortina suya alrededor de sí; oscuridad de aguas, nubes de los cielos.
> **| Salmos 18:11**

Tanto la Nueva Jerusalén como el trono de Dios están cubiertos de esta nube para que no sean profanados en su pureza.

En esta palabra: "*estos que vuelan como nubes*", se refiere a una densa nube. El *Nephele*[31] de Dios.

En una ocasión Dios me decía que el alma siempre está buscando formas; pero que El quiere que entremos al entendimiento del nublado de Dios, del *Nephele*, donde

[31] - Palabra griega que significa nublado, o cúmulo de densas nubes.

no hay formas terrenales; para ser transformados a Su imagen habiendo salido de las formas del mundo. Entre más estoy abierto al cambio, más puedo experimentar el ámbito de la sobrenaturalidad de Dios.

Éstos que vuelan como *palomas*, son el verdadero cuerpo de Cristo, la "nube de testigos" que están en el Santo Monte. Lo que me llama la atención aquí es la palabra Palomas en este versículo.

Al buscar esta palabra en el original hebreo, la concordancia Strong's me llevó a la palabra *Yayin*, y quedé sorprendida al ver lo que significa. Quiere decir, vino o gran banquete. O sea que en medio de la nube de su presencia hay un gran banquete, qué es traído para estos que forman la nube de Dios.

Por otro lado, las palomas son de gran simbología en la escritura. Fue una paloma la que le trajo a Noé la ramita de olivo de un nuevo mundo.

Estas palomas vuelan a sus ventanas. Ellas ven lo que está afuera y lo que está adentro, en sentido espiritual ven en las dos dimensiones.

Luego vemos el fruto de estar en esa nube y en el Santo Monte de Dios; Isaías continúa diciendo:

> Ciertamente a mi esperarán los de la costa, y las naves de Tarsis desde el principio, para traer tus hijos de lejos, su plata y su oro con ellos, al nombre de Jehová tu Dios y al santo de Israel, ***que te ha glorificado.***
> **| Isaías 60:9**

5 | La Ciudad Es Exclusiva

Si bien el mundo entero es llamado a la salvación del Altísimo y muchos acuden a ella, la entrada a la ciudad celestial es solamente para aquellos que lavan sus ropas y se hacen dignos de ella.

> Bienaventurados los que lavan sus ropas, para tener derecho al árbol de la vida, y para entrar por las puertas de la ciudad.
>
> Más los perros estarán afuera, y los hechiceros, los fornicarios, los homicidas, los idólatras y todo aquel que ama y hace mentira.
>
> **| Apocalipsis 22:14-15**

La mentira tiene un alcance de destrucción tan fuerte, y es uno de los impedimentos más grandes para que entremos a poseer todas estas cosas.

Estamos en una era en que la mentira es algo tan común. La sociedad, los estatus, los medios de comunicación masivos, toda la estructura de este mundo está basada en un sistema de mentira. El que quiere sobrevivir en este mundo, alcanzar una posición, se ve involucrado en un sistema de mentiras que inevitablemente lo arrastra. El sistema de este mundo está regido por el padre de mentira que es Satanás. Todo en este sistema es tinieblas, es mentiroso, conlleva a la destrucción y encarcela a aquellos que le están sujetos, para que no puedan poseer su herencia en Dios.

Por eso es tan importante conocer La Verdad y amarla y saber por qué creemos lo que creemos. De esta manera podremos destruir toda fábula mentirosa que nos bloquea del conocimiento de Cristo y de Su Luz.

> Y el Espíritu y la esposa dicen: Ven. Y el que oye, diga Ven y el que tiene sed, venga; y el que quiera tome del agua de la vida gratuitamente.
>
> **| Apocalipsis 22:17**

6 | Dios Está Llamando A Los Entendidos

Miren lo que dice el libro de Enoc.

> El dotará de fe a los fieles en las moradas de la rectitud, Y ellos verán ser arrojados a las tinieblas a los que han nacido en las tinieblas, mientras los justos reposan. Los pecadores gritarán al verlos, mientras ellos existen en el esplendor, y avanzarán hacia los días y los periodos prescritos para ellos.
>
> **| Enoc 105:27**

Esto es exactamente lo que Dios me está mostrando por el Espíritu. Un grupo de entendidos que realmente penetra en la Nueva Jerusalén, los que son la esposa del Cordero y que viven en Su esplendor. Porque estos entran, viene como consecuencia un tremendo juicio sobre la maldad en tierra.

Mientras meditaba en el Señor un día en el bosque, vino esta palabra a mi:

> Mas todas las cosas, cuando son puestas en evidencia por la luz, son hechas manifiestas; porque la luz es lo que manifiesta todo.
>
> **| Efesios 5:13**

Cuando leemos este pasaje a primera vista, la mayoría piensa que se refiere al pecado que es expuesto. Pero leamos esta escritura desde la dimensión de la Luz.

Emerson mi marido, nos ha estado enseñando por medio de la física cuántica, cómo traer las cosas de lo invisible a lo visible. Y nos ha mostrado qué cuando la luz es observada conscientemente, lo que son vibraciones u ondas de luz tienen la posibilidad de convertirse en materia física.

Entonces la luz tiene el poder de manifestar lo invisible y traerlo a lo visible.

¿Qué es lo que sucedió cuando se manifestó la Luz en el primer día?

Todas las cosas se manifestaron de lo invisible a lo visible.

Ahora, si estamos sumergidos en la Luz de la Nueva Jerusalén, si existimos en el esplendor de su Luz como dice Enoc, podemos manifestar el diseño de la Nueva Jerusalén en la tierra. De esta manera podemos encender el interruptor de Luz en a la casa de oscuridad y producir que la Luz del Todopoderoso brille en la tierra.

Capítulo 5

CÓMO FUIMOS CREADOS ANTES DE LA FUNDACIÓN DEL MUNDO

Este es un tema pionero, en el que Dios quiere verter su Luz, para llegar a conocer el gobierno del cielo sobre la tierra.

Lo primero que tenemos que entender es desde donde fue escrita la Biblia. Porque es desde esa dimensión dónde la Escritura se vuelve viva y surgen las verdades que el Escritor quiso plasmar en ellas. Es así qué podemos ver cosas que nunca habíamos visto.

Empecemos nuestro viaje yendo al lugar donde todo fue creado y ahí vamos a descubrir nuestra naturaleza antes que el mundo fuera.

El entender lo que somos realmente, y como fuimos creados nos va a permitir no caer en la trampa de la gran mentira del sistema de este mundo para vivir gloriosamente en la tierra.

1 | Escritos En El Libro De La Vida.

> En el principio era el verbo, y el verbo era con Dios y el verbo era Dios.
>
> Éste era en el principio con Dios. Todas las cosas por él fueron hechas, y sin él nada de lo que ha sido hecho fue hecho.
>
> En él estaba la vida y la vida era la luz de los hombres.
>
> **| Juan 1:1-4**

Dios es Luz y uno de sus nombres es el Padre de las luces[32]. Todos emanamos de él como luces gloriosas y antes de venir a la tierra teníamos nuestra existencia en Dios. Todos los que íbamos a ser parte del cuerpo de Cristo en todas las edades, ya estábamos unidos desde ese entonces. Fuimos predestinados para que el Verbo se escribiese a sí mismo en nosotros, quienes fuimos parte desde entonces del libro de la vida y de las familias en los cielos.

> Por esta causa doblo mis rodillas ante el Padre de nuestro Señor Jesucristo, de quien toma nombre toda familia en los cielos y en la tierra.
>
> **| Efesios 3:14-15**

[32] Santiago 1:17

Muchos tienen el pensamiento que el Libro de la Vida es como una lista enorme con nombres inscritos, que en un momento dado pueden ser borrados. La realidad es que Dios no nos inscribe en el libro de la vida, sino que nos escribe. Cada nombre es un diseño, un destino, una función que tiene que llevarse a cabo, para que la obra completa de Cristo se manifieste en la tierra.

> Sin embargo, no os regocijéis en esto, de que los espíritus se os sometan, sino regocijaos de que **vuestros nombres están escritos** en los cielos
>
> **| Lucas 10:20**

En el pensamiento de Dios los nombres son sumamente importantes, porque estos definen nuestra función eterna. Hay padres que habiendo sido inspirados por el cielo les dieron a sus hijos los nombres correctos. En otros casos fueron completamente equivocados, pero el nombre con el que Dios nos conoce es eterno y él lo revela a quien lo anhela conocer.

Jesucristo le escribe a la iglesia en Pérgamo:

> Al que venciere, daré a comer del maná escondido, y le daré una piedrecita blanca, y en la piedrecita un nombre nuevo escrito, el cual ninguno conoce sino aquel que lo recibe.
>
> **| Apocalipsis 2:17b**

Y también menciona este nombre nuevo cuando le escribe a la iglesia en Filadelfia:

> Al que venciere, yo lo haré columna en el templo

> de mi Dios, y nunca más saldrá de allí; y escribiré sobre él el nombre de mi Dios, y el nombre de la ciudad de mi Dios, la nueva Jerusalén, la cual desciende del cielo, de mi Dios, y mi nombre nuevo.
>
> **| Apocalipsis 3:12**

Aquí vemos como el nombre del vencedor está íntimamente ligado a una identidad celestial. Éste lo reciben los hijos de Dios que se convirtieron en el templo de Dios y son parte de la Nueva Jerusalén. De Él venimos y volvemos a Él.

En uno de los libros apócrifos escrito por Valentín, dice:

> El nombre no es mera palabrería, ni es mera terminología, sino que es trascendental. Él solo le nombró, Él solo viéndolo, Él solo tiene el poder de regalarle nombre. Quien no existe, no tiene nombre–¿pues qué nombres se dan a las nadas? Pero este existente, existe junto con su nombre. Y sólo el Padre lo conoce y Él solo le da nombre.
>
> **| Valentín -48, apócrifo**

Todos ellos de cuyos nombres él tenía presciencia, son llamados al final. Así quien conoce, tiene su nombre expresado por el Padre. Pero aquel cuyo nombre no ha sido expresado, queda ignorante. ¿Cómo en verdad puede responder alguien, cuyo nombre no ha sido llamado?

Así alguien con conocimiento, es de arriba.

Cuando es llamado, oye y responde y vuelve a quien le llamó, ascendiendo a Él. Y descubre quién es el que le llama. Al conocerlo, cumple la voluntad de quien le llamó. Desea agradarle, y otorgado el reposo, recibe el Nombre del Uno. Quien conoce, así descubre de donde ha venido y adonde va. Entiende como alguien que se embriagó y que ha sacudido su embriaguez y vuelto en sí mismo, para poner verticales esas cosas que son suyas.

| Valentín 12b-13, apócrifo

El Libro Viviente es el pensamiento y la mente del Padre, quien se hizo carne en Jesucristo. El se sigue revelando en sus hijos, los qué como niños pequeños, están llenos de risa, sin preocuparse por la vida, son como los bebés quienes contemplan si cesar a su Padre en el cielo. *El verbo vive en aquellos que lo expresan*.

Así es el conocimiento del libro viviente, por medio del cual al final el (Padre) se ha manifestado a los eternos, como el alfabeto de la a revelación de sí mismo. Estas (letras) no son vocales ni consonantes, de tal forma que alguien podría leerlas y pensar en la vaciedad. Sino que ellas son el alfabeto verdadero, según el cual son expresados ellos mismos que lo conocen. Cada letra es un pensamiento perfecto, cada letra es semejante a un libro completo, escrito en el alfabeto de la unidad por el Padre–por quien son escritos los eternos a fin de que por el alfabeto de él pudieran conocer al Padre.

Su sabiduría medita sobre el Logos, su enseñanza lo expresa, su conocimiento lo reveló, su dignidad es coronada por él, su alegría se une a él, su gloria lo exaltó, su apariencia lo manifestó, su reposo lo recibió, su amor lo encarnó, su fe lo abrazó.

De esta manera la significación del Padre entra en la totalidad como el fruto de su corazón y la forma-del-rostro de su voluntad. Pero él los sostiene a todos, les expía y además asume la forma-del-rostro de cada uno, purificándolos, trayéndolos de vuelta–dentro del Padre.

| Valentín 15-17, apócrifo

Nosotros dentro de Cristo fuimos escritos como una carta viva antes de la fundación del mundo. Es la carta de nuestro diseño y de nuestro destino en el que cada uno manifestará un diferente aspecto de la plenitud de Cristo. Cuando nos conocemos como hemos sido conocidos, podemos manifestar al Verbo en la tierra. Cada diseño es de grandeza, de perfección de abundancia, de infinita sabiduría, para que nuestro viaje transitorio por la tierra, dé fruto por generaciones.

El que pasa por la vida como un viajero, siendo enseñado en todo, en abundancia como en escasez, en alegrías y sufrimientos, en poder y en debilidad es el que encontró su carta, y camina en pasos predeterminados. Éstos son los que encontraron la fragancia del libro de la vida y disfrutan el viaje sabiendo que van de retorno a la Luz.

Tus ojos vieron mi embrión, y en tu libro se escribieron todos los días que me fueron dados,

cuando no existía ni uno solo de ellos.
| **Salmos 139:16**

Tú has tomado en cuenta mi vida errante; pon mis lágrimas en tu redoma; ¿acaso no están en tu libro?
| **Salmos 56:8**

Moisés conoció a Dios cara a cara cuando estuvo por 40 días envuelto de la nube de Dios en el monte Sinaí. Yo estoy absolutamente segura de que Dios le permitió conocer su ser celestial y se unió a él de tal manera, que cuando descendió, su rostro radiaba la Luz de Dios y se tuvo que cubrir.

Moisés conocía de tal forma el libro de su diseño, que se atrevió a desafiar a Dios para que lo borrase, sabiendo que de hacerlo, el Padre tendría que borrar una parte del Hijo, que era Moisés en Cristo. Al libro del Verbo se le arrancaría un capítulo vital. No le dijo que lo quitara de la lista, sino que lo borrara del Libro.

Entonces volvió Moisés al SEÑOR y dijo: ¡Ay!, este pueblo ha cometido un gran pecado: se ha hecho un dios de oro. Pero ahora, si es tu voluntad, perdona su pecado, y si no, *bórrame del libro que has escrito*. Y el SEÑOR dijo a Moisés: Al que haya pecado contra mí, lo borraré de mi libro.
| **Éxodo 32:31-33**

El Libro de la Vida es también llamado el Libro de la Vida del Cordero. En otras palabras, es la autobiografía eterna de todo lo que Dios quiere dar a conocer, y la forma en que Cristo se manifiesta en todos aquellos que son su cuerpo.

Los que adoran el sistema, es porque nunca fueron parte de este libro.

> Y la adorarán (a la bestia) todos los que moran en la tierra, cuyos nombres no han sido escritos, desde la fundación del mundo, en ***el libro de la vida del Cordero*** que fue inmolado.
>
> | **Apocalipsis 13:8**

Este libro es en sí mismo el Verbo viviente, quién es la Vida, y la vida es la Luz de los hombres. Luego la Luz que nos ilumina es el libro que cada uno recibimos en nuestro propio nombre, no el que nos dieron nuestros padres sino el que el Padre habló desde el cielo. Nuestro nombre como letra viva del libro de Cristo.

2 | Dios Nos Recuerda Quienes Somos

Cuando Dios va a enviar al profeta Jeremías, el cual se sentía como un niño que no sabía cómo hablar, Jehová le habla de cómo él era antes de la fundación del mundo. Si él entendía quien era realmente, desde la esencia y la substancia de la cual él había salido, entonces tendría confianza en Él que lo enviaba, y sería una fiel voz de Dios en la tierra.

> Antes que te formase en el vientre te conocí, y antes que nacieses te santifiqué, te di por profeta a las naciones.
>
> | **Jeremías 1:5**

Hoy, Dios vuelve a usar esa misma llave para abrir nuestro corazón, para que entendiendo quienes realmente somos en nuestro ser celestial podamos tener confianza y movernos como verdaderos hijos de Luz.

> Los discípulos dicen a Yeshúa: dinos cómo será nuestro fin. Yeshúa dice: ¿Es que habéis descubierto el origen, que ahora preguntáis referente al fin? Pues el lugar donde existe el origen allí existirá el fin, bendito quién se pondrá de pie en el origen y conocerá el fin y no saboreará la muerte.
> **| Tomás 18 apócrifo**

El conocer el origen nos lleva a conocer el fin de todas las cosas.

En aquella eternidad, vivíamos en la habitación de la Luz. Éramos los hijos del día y como tales teníamos autoridad para llevar las tinieblas a sus límites.

Jesús dirigiéndose a sus discípulos, y por ende a los que creerían, dice:

> Vosotros *sois la luz del mundo*; una ciudad asentada sobre un monte no se puede esconder.
> **| Mateo 5:14**

No les está hablando como aquellos que serían, o llegarían a ser la luz del mundo, sino como algo que ya eran. Esto lo dijo antes que siquiera recibiesen el Espíritu Santo.

Él está hablando directamente al espíritu de ellos como lo que realmente eran en Cristo, antes de la fundación del mundo.

Al mismo tiempo les está diciendo que son una ciudad asentada sobre un monte. Les está confirmando que antes de venir a la tierra ya estaban en la ciudad celestial sobre el monte de Sion.

Recordemos que en la dimensión del cielo el tiempo no existe. Ahí estuvimos, estamos (en lugares celestiales), y estaremos eternamente.

Cuando Dios está cuestionando a Job, le hace preguntas referentes a una dimensión que no es la tierra. Dios está hablándole a su espíritu, para que su esencia eterna reconozca dónde fue creado, la autoridad que le había sido concedida y lo que disfrutaba antes de venir en carne. De esa manera podría estar sobre todas las tribulaciones que estaba pasando.

> ¿Has entrado tú hasta las fuentes del mar, y has andado escudriñando el abismo?
>
> ¿Te han sido descubiertos las puertas de la muerte y has visto las puertas de la sombra de la muerte?
>
> ¿Has considerado tú hasta las anchuras de la tierra?
>
> **| Job 38:16-18**

No lo está interrogando para mostrarle su debilidad o su ignorancia, sino para hacerlo despertar a su grandeza, reconociendo quién él es realmente, cómo fue creado en medio de la gloria y el alcance que tiene como tal.

> ¿Por dónde va el camino a la habitación de la luz, y dónde está el lugar de las tinieblas, para que las lleves a sus límites y entiendas las sendas de su casa?

¡Tú lo sabes! Pues entonces ya habías nacido y es grande el número de tus días.

| Job 38:19-21

El dolor y la tribulación habían encapsulado la fe de Job, había perdido la brújula de la relación íntima y perfecta que tenía con Dios. Por eso el Señor se le manifiesta, para despertar su espíritu a la realidad de su verdadero ser.

Entremos a las dimensiones de lo eterno para ver ese momento tan glorioso que experimentó Job antes que el mundo fuese: el lugar donde se encuentra la habitación de la luz y aquel otro dónde moran las tinieblas.

Este es uno de los recuentos, narrados en el "Gran Rollo de Melquisedec" (apócrifo). El cual amplifica este pasaje sin contradecir la Biblia.

> Antes que existiese una estrella para brillar, antes que hubiese ángeles para cantar, ya había un cielo, el hogar del Eterno, el único Dios. Perfecto en sabiduría, amor y gloria. Vivió el Eterno una eternidad, antes de concretizar Su hermoso sueño, en la creación del Universo.
>
> Los incontables seres que componen la creación fueron, todos, idealizados con gran amor, desde la partícula más diminuta hasta las gigantescas galaxias, todo mereció Su suprema atención. Dios idealizó el Universo como una gran orquesta que, bajo Su regencia, deberían vibrar acordes armoniosos de justicia y paz. Para cada criatura El compuso una canción de amor.

| Gran Rollo de Melquizedec 1:1-2

En el principio Dios creó los cielos y la tierra, y las huestes que ministran el cielo, los querubines, serafines y demás ángeles que rigen el universo. Más las huestes que serían asignadas para la tierra aún no habían sido creadas.

3 | El Abismo De Las Tinieblas, Antes De La Creación

> Y la tierra había caído en un estado de caos y vacío y hubo tinieblas sobre la faz del abismo acuoso, y el Espíritu de Elohim se movía relajadamente sobre la faz de las aguas.
>
> | Génesis 1:2 [33]

Para entender claramente este estado en que se encontraba la tierra, y lo que Dios iba a hacer, es importante notar que aquí se está hablando de dos faces diferentes: una es la faz del abismo y otra es la faz de las aguas.

La faz, es la parte visible, lo que otros ven de alguien o de algo. La faz es el reflejo de nuestra identidad, donde se translucen los rasgos de quienes somos. Es la imagen de la sustancia invisible que nos constituye.

De esta manera el abismo tiene su propia faz, y las aguas la suya propia. Porque cómo vamos a ver las dos son completamente diferentes una de la otra. Las tinieblas estaban sobre la faz del abismo, pero era el Espíritu de Dios es el que estaba sobre la faz de las aguas.

Melquizedec continúa su narración:

> Tan preciada como la vida, la libertad de escoger, a través de la cual las criaturas podrían

[33] - Traducción directa del interlineal hebreo.

demostrar su amor al Creador, exigía una prueba de fidelidad. Con el propósito de revelarlo, el Eterno condujo las huestes por entre el espacio iluminado, hasta aproximarse a un abismo de tinieblas que contrastaba con el inmenso brillo de las galaxias. A lo lejos, ese abismo se había revelado insignificante a los ojos de los ángeles, como un puntillo sin luz; pero a medida de su acercamiento, se mostró en su enormidad.

El Creador, que a cada paso revelaba a los ángeles los misterios de Su reino, estaba allí silencioso, como guardando para Sí un secreto. Las tinieblas de aquel abismo consistían en la prueba de la fidelidad.

| Gran Rollo de Melquizedec 1:15-16a

Enoc, describe este mismo lugar el cual miró en una de sus múltiples incursiones en las dimensiones celestes.

> Después volví hasta donde todo era caótico, y allá vi algo horrible: no vi ni cielo en lo alto ni tierra firme fundamentada sino un sitio informe y terrible. Vi allí cuatro estrellas encadenadas que parecían grandes montañas ardiendo como fuego.
>
> **| Enoc 21:1-3**

A Ezquiel también le fue mostrado ese lugar terrible, qué pertenece a un tiempo antes del tiempo, el lugar de la desolación.

> Así ha dicho Jehová el Señor: yo te convertiré en ciudad asolada, como las ciudades que no

se habitan, haré subir sobre ti el abismo y las muchas aguas te cubrirán.

Y te haré descender con los que descienden al sepulcro con los pueblos **de otros siglos**, Y te pondré **en las profundidades de la tierra como los desiertos antiguos** …
| Ezequiel 26:19-20 a

A Isaías le es revelado cómo fue la caída de Luzbel antes que el mundo fuese y describe el Seol, el desolado lugar donde fue arrojado. Este era el reino de la muerte que acompaña al abismo.

> Cómo caíste del cielo, o Lucero, hijo de la mañana. Cortado fuiste por tierra tú que debilitabas a las naciones[34].
>
> Tú que decías en tu corazón subiré al cielo; en lo alto, junto a las estrellas de Dios, levantaré mi trono y en el monte del testimonio me sentaré a los lados del norte; sobre las alturas de las nubes subiré y seré semejante al Altísimo.
>
> Más tu derribado eres hasta el Seol, *A los lados del abismo.*
> | Isaías 14: 12-15

En la absoluta presciencia del Padre, Él sabía de la caída de Luzbel. Ante Su inconmensurable grandeza, esta creatura caída era un incompetente rival, que el destruirlo con su mera potestad vendría a ser un acto injusto. Entonces Él formula la más maravillosa estrategia para vencerlo justamente.

---

[34] La naciones , aquí se refiere a naciones celestiales, regidas por príncipes y tronos angélicos que fueron debilitados por influencia de Luzbel y cayeron junto con él.

Dejando su amada ciudad, el Señor de la Luz se condujo en dirección del abismo inmenso, respecto del cual había callado hasta entonces. Ahí se detuvo una vez más, enmudecido mientras parecía leer en las tinieblas un futuro de grandes luchas.

Levantando los poderosos brazos ante las tinieblas, ordenó en alta voz: sea la luz. Inmediatamente la Luz de su presencia inundó el profundo abismo y triunfando sobre las tinieblas se reveló **un mundo inacabado cubierto por aguas cristalinas**.

Con ese gesto, el Eterno iniciaba una gran batalla por la reivindicación de Su gobierno de Luz; la batalla del amor contra el egoísmo; de la justicia contra la injusticia; de la humildad contra el orgullo; de la libertad contra la esclavitud; de la vida contra la muerte.

Batalla que, sin tregua, se extendería hasta que, en el amanecer anhelado, pudiese el divino Rey retornar victorioso al Santo Monte de Sion, donde, entronizado en medio de las alabanzas de los redimidos, reinaría para siempre en perfecta paz.

Las aguas abundantes que cubrían aquel mundo, hasta entonces oculto, simbolizaban la vida eterna que para los fieles sería conquistada por el amor que todo sacrifica.

| Gran rollo de Melquisedec 2:25 y 26

4 | El Cordero Inmolado Antes De La Fundación Del Mundo

La inmolación de Cristo es el sacrificio de Su humillación desde antes de la fundación del mundo. Como parte del plan divino, Él accede con su Padre a crear una tierra de la cual Él formaría una nueva estirpe de hijos. Éstos serían los hombres, una creación frágil, susceptible al error y a la traición, un adversario muy inferior a satanás. Esta sería la gran victoria del Altísimo, vencer al príncipe de las tinieblas por medio de un hombre, el Hijo de Dios hecho carne.

Para crear la tierra, Jesús, el Verbo de Dios, dejó su trono de gloria y tomó su forma de Agua Divina. El Agua Celestial creó en sí misma, el agua física y cubrió con Su Faz, consigo mismo, la faz del abismo. Las aguas de vida cubrieron las aguas tenebrosas del abismo. Jesús era la "Faz de las aguas", la imagen misma de Dios sobre las cuales el Espíritu Santo se movía. (Génesis 1:2)

> … en el tiempo antiguo fueron hechos por la palabra de Dios los cielos, y también la tierra *que proviene del agua y por el agua subsiste.*
>
> | **2 Pedro 3:5**

> El *es la imagen del Dios invisible*, el primogénito de toda creación.
>
> Porque *en él fueron creadas todas las cosa*s, las que hay en los cielos y las que hay en la tierra, visibles e invisibles; sean tronos, sean dominios,

sean principados, sean potestades; todo fue creado por medio de él y para él.

Él es antes de todas las cosas, *y todas las cosas en Él subsisten.*
| **Colosenses1:15-17**

El verbo como Agua de Vida cubrió el abismo, cobijó las tinieblas abrazándolas para Sí mismo, absorbiéndolas dentro de Él. De la misma manera que en la cruz absorbió la muerte, la enfermedad, el dolor y el pecado. Estaba estableciendo lo celestial para después llevarlo a cabo en lo terrenal. De esta manera Él se inmoló en los cielos.

El agua de vida y el agua física se fundieron en una. Espíritu y materia. Las aguas de arriba engendraban las aguas de abajo. Mientras las aguas del abismo se revolvían por debajo dentro de aquel mundo inacabado.

Esta palabra usada en hebreo, para las aguas físicas es *mayim*, la cual se usa también para las aguas procreativas del hombre que contienen su semilla.

La creación toda en estado fetal dentro de las aguas, latía esperando la voz divina que le diera existencia.

Todo estaba en movimiento, gestándose, se oía el ruido de aguas turbulentas, estaban agitadas, el viento soplaba, era el Espíritu de Dios moviéndose sobre las aguas, empollándolas[35] como una gallina sobre sus huevos, cubriéndolas, impartiendo el calor de la vida para que todo pudiera surgir, nacer.

[35] La palabra rachaph del hebreo implica un movimiento relajado y es usado en otras partes de la escritura para referirse a como un ave en polla sus huevos. 7363 Concordancia Strongs

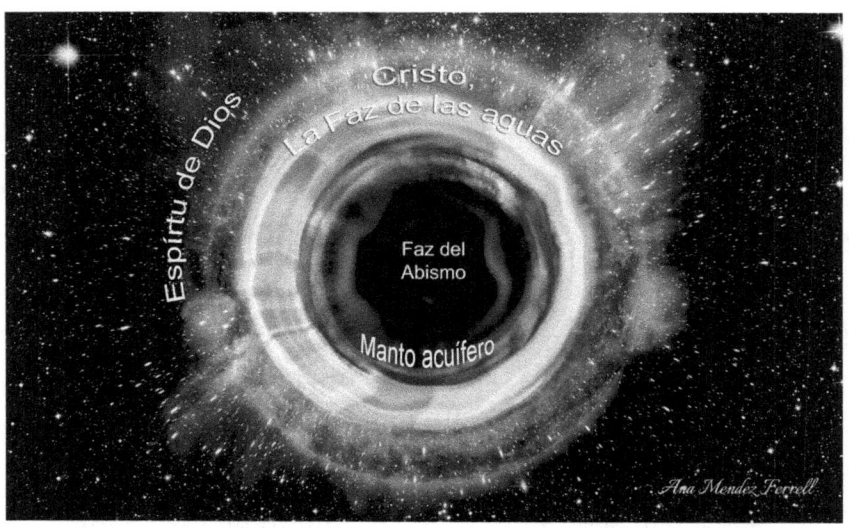

Las aguas de arriba y las del abajo sobre la faz del abismo

En esas aguas cristalinas, Aguas con aguas, se formaba el polvo primigenio el cual salió de Él mismo para que todo lo creado tuviese su sustancia, su sonido, su frecuencia, Dios estaría en todo lo creado.

El polvo no provino del abismo, ni de la tiniebla sino de Dios mismo.

El polvo en el jardín del Edén era rojo de donde toma su nombre Adán, que quiere decir tierra roja.

Yo creo que era roja porque el primer polvo contenía la sangre de Jesús. El Padre había creado al hombre para ser eterno y sólo la sangre de Jesús podría darle esa vida eterna. Cuando Adán perdió su estado eterno también perdió la eternidad en su sangre.

La sabiduría habló:

> Jehová me poseía en el principio, ya de antiguo, antes de sus obras. Eternamente tuve el

principado, desde el principio, antes de la tierra. Antes de los abismos fui engendrada, antes que fuesen las fuentes de las muchas aguas.

No había aún hecho la tierra, ni los campos, ***ni el principio del polvo del mundo,*** cuando formaban los cielos allí estaba yo; cuando trazaba el círculo sobre la faz del abismo.
| Proverbios 8:22-24; 26-27

La voz salió de Su Trono. En la voz del Padre estaba contenido el Verbo que hecho Luz se manifestó en todo el esplendor de Su gloria y vino sobre las aguas de sí mismo. El Padre en El hijo crearía todas las cosas.

En el principio era el verbo, y el verbo era con Dios, y el verbo era Dios. Éste era en el principio con Dios. Todas las cosas por él fueron hechas, y sin él nada de lo que ha sido hecho fue hecho en él estaba la vida y la vida era la luz de los hombres.
| Juan 1:1-4

La Luz y el Agua son las sustancias de la vida misma de Cristo. Las aguas de abajo, la materia acuosa, se llenó de la vida y de la simiente creativa que habita en la luz.

Las tinieblas se agitaban bajo las aguas. Estaban inquietas, sabían que había sido trazado por el Padre y por la sabiduría, el círculo del abismo, que pondría el límite a todas sus obras. La hora llegó, la Luz resplandeció, el abismo fue encerrado, sus fuentes fueron selladas. La luz y las tinieblas quedaron eternamente separadas. Job lo vio desde las alturas antes que el mundo fuese.

> Luego dijo Dios: haya expansión en medio de las aguas y separe las aguas de las aguas.
>
> **| Génesis 1:6**

Ascendieron las aguas de arriba por encima del firmamento para que desde arriba las Aguas y la Luz hablasen y diesen forma a toda la creación. Las aguas de abajo, como un espejo reflejaron el rostro de Cristo, que brilló glorioso para hacer nacer la tierra. Todo, arriba y abajo quedo impreso con la faz de Jesucristo.

Toda esa acción era una representación viva que aludía al futuro bautismo del Hijo de Dios cuando se manifestara en carne. Llegado el momento, el Jordán agitado lo percibió, se llenó de gozo, la corriente se detuvo, la Luz verdadera, el Verbo de vida penetraba las aguas y el Espíritu de Dios lo llenaba, lo envolvía y en lo alto brilló como una luz en forma de paloma[36]. El Padre dio la voz: *Este es mi hijo amado en quien tengo complacencia.*

Las aguas que se separaron en el Génesis se unieron en Cristo, cuando fue sumergido. Las aguas de arriba, la Vida y la materia acuosa. El Verbo haría todas las cosas nuevas.

Jesús es la imagen del Dios vivo. Imagen[37] que a manera de un sello sobre la arcilla húmeda le iba a dar forma a toda la creación para que ésta reflejara Su imagen.

Las aguas de abajo quedaron impregnadas del polvo primigenio, el cual, cargado de toda la potencia creadora de Dios empezó a asentarse en las profundidades. Para emerger glorioso a la voz del Verbo de Dios quien juntando todas las aguas debajo de los cielos en un lugar ordenó: ¡Descúbrase lo seco!

---

[36] - Mateo 3.16 En el interlineal dice: como una paloma iluminando sobre de El.

[37] - La palabra en griego para definir a Cristo cómo la imagen del Dios invisible es Charactér que es la herramienta o molde de impresión.

Surgió la tierra como una cama de cultivo en un invernadero. De ella, los hijos de la Luz de todas las generaciones palpitaban esperando cada uno su tiempo para nacer.

5 | Los Hijos Del Día

Los hijos del Día son los hijos de la fe que Dios le prometió a Abraham.

> De cierto te bendeciré, y multiplicaré tu descendencia como las estrellas del cielo y como la arena que está a la orilla del mar; y tu descendencia poseerá las puertas de sus enemigos.
> **| Génesis 22:17**

Esta palabra nos habla mucho más allá de multitudes, encierra en sí misma las características celestiales y divinas de los hijos de Dios.

Hay muchas cosas en la tierra que representan multitudes, pudo haber dicho, como el polvo de la tierra o como las hojas de los árboles, pero escogió estrellas del cielo y la arena junto al mar.

De las estrellas hablaré en el próximo capítulo, pero ahora quiero que note que esta palabra se la da Dios a Abraham en el monte Moriá, el cual está en medio de Jerusalén en un desierto completamente árido, muy lejos del mar.

Es muy posible que Abraham nunca haya visto el mar, en todos sus recorridos y batallas siempre estuvo lejos de las costas. Aún el Mar muerto no existía, ya que éste se formó sobre las ruinas de Sodoma y Gomorra. ¿Por qué no le dijo

Dios que sus hijos serían como la arena del desierto, que era el territorio que él conocía?

Abraham tenía que ver algo por la fe, porque iba a ser constituido el padre de la fe.

Meditando en eso la luz vino a mí, cuando un día orando en la playa a la salida del sol, vi con claridad lo que Dios le habló al patriarca.

En la playa había dos tipos de arena, una seca, la que no era tocada por las aguas y otra húmeda bañada continuamente por el oleaje. Cuando el sol empezó a salir el cielo se cubrió de la majestad dorada del amanecer. Cómo oro líquido se reflejaban los rayos en las ondas del mar, fue entonces que pude ver el misterio escondido en la promesa Abraham. La arena continuamente bañada por las aguas del mar se extendía como un espejo reflejando la gloria del cielo.

Así son los hijos de Luz, continuamente bañados por las aguas de Su presencia, cuyas vidas son el espejo de la gloria de Dios. Son el rollo abierto del Verbo de vida en que el mundo puede leer.

Las epístolas vivas de Dios, las letras de luz con las que el cielo habla y canta la más sublime adoración al Padre, declara Sus oráculos y vierte en ellas Su sabiduría.

Cada hijo es una estrella brillando en el firmamento, una carta viva escrita por la mano de Dios anunciando la obra de sus manos.

> Los cielos cuentan la gloria de Dios,
> Y el firmamento anunciala obra de sus manos.
> Un día emite palabra a otro día,

Y una noche a otra noche declara sabiduría.
No hay lenguaje, ni palabras, Ni es oída su voz.
| Salmo 19:1-3

Los hijos son, simplemente son, la imagen de Dios en la Tierra. El firmamento es el libro de la vida desplegado de infinito a infinito, donde cada estrella, cada hijo resplandeciente, anuncia la obra de Sus manos. Sin lenguaje sin palabras simplemente siendo un genuino hijo del Altísimo.

Capítulo 6

LA RAQUIA

En este capítulo, vamos a entrar en un nivel de entendimiento sumamente interesante que nos llevará a conocer nuestra función de gobierno en los cielos y nuestro diseño para ser luz en la tierra.

Como dije en el capítulo anterior, es importante entender que la Biblia no fue escrita por medio del razonamiento humano. El Verbo de vida es del cielo y su lenguaje es celestial en muchos casos.

> Jesús dijo: vosotros sois de abajo, **yo soy de arriba**; vosotros sois de este mundo, **yo no soy de este mundo**.

Luego añadió en este mismo diálogo con los judíos:

> ¿Por qué no entendéis mi lenguaje? Porque no podéis escuchar mi palabra
> **| Juan 8: 23 y 43**

Aquí Jesús no se estaba refiriendo al hebreo sino al lenguaje espiritual con que él hablaba los misterios del Padre.

Hay cosas que El habló, que sólo aquellos que son Sus discípulos pueden entender, tal como Él pretendió que fuera.

> A vosotros os es dado conocer los misterios del reino de Dios; pero los otros por parábolas, para que viendo no vean y oyendo no entiendan.
> **| Lucas 8:10**

Quedando claro esto, vamos a tratar de desglosar uno de estos maravillosos misterios, el cual es el firmamento, el RAQUIA de Dios.

> En el principio creó Dios los cielos y la tierra.
> **| Génesis 1:1**

Esta palabra "cielos" está escrita en plural, y en el hebreo es *Shamayim*. Éste es el conjunto de todos los cielos.

Dentro del Shamayim, existen varios niveles, dimensiones o cielos. Por ejemplo, Pablo menciona haber llegado al tercer cielo.

Uno de estos niveles o espacios celestiales se encuentra en el versículo seis del Génesis, donde vamos a encontrar otra palabra que es muy interesante.

> Luego dijo Dios: haya **expansión** en medio de las aguas y separe las aguas de las aguas.
>
> **| Génesis 1:6**

La palabra expansión, de hecho, está mejor traducida en las Biblias en inglés ya que usan la palabra **"firmamento"** lo que equivale al original hebreo es la palabra **Raquia**[38].

Una descripción más clara de este Raquia la vemos en el cuarto día de la creación, dónde se narra el recuento de cómo Dios lo va a ocupar.

> Dijo luego Dios: haya lumbreras en la expansión de los cielos para separar el día de la noche; y sirvan de señales para las estaciones para días y años.
>
> **| Génesis 1:14**

---

[38] - raquia: La bóveda Celeste, o firmamento. the **vault of heaven**, or 'firmament,' Genesis 1:6,7 (3 t. in verse); Genesis 1:8(called שָׁמַיִם; all P), Psalm 19:2 ('''' הָר זֹהַר'), הַשָּׁמַיִם Daniel 12:3; also הַשָּׁמָיִם 'ר Genesis 1:14,15,17, ר עַלְמֹנֵי' הַשׁ' Genesis 1:20

Shamayin Raquia

Si lo leo a simple vista con mi mente natural, voy a pensar que esto se refiere al sol, la luna y las estrellas que podemos ver con los ojos naturales; Pero lo que dice en el original hebreo es: Haya luminarias en la Raquia del Shamayim. En otras palabras, haya un firmamento en medio de los cielos.

Este firmamento compuesto de estas lumbreras es mucho más que el sol, la luna y las estrellas que podemos ver. La mayoría de nosotros hemos leído el Génesis, y sabemos que la tierra fue formada en seis días; Pero cuando vamos al capítulo dos de Génesis, nos encontramos con algo sorprendente:

Fueron pues, acabados los cielos y la tierra,
y todo el ejército de ellos.
| Génesis 2:1

Entonces la pregunta que surge es ¿En cuál de los seis días fueron creados los ejércitos de los cielos y de la tierra? Notemos que se está refiriendo a ejércitos que se encuentran en los dos ámbitos, en el celestial y en el terrenal.

Éstos fueron formados en el cuarto día cuando Dios los estableció el Raquia.

Así que no pensemos de forma racional solamente en los astros, sino vamos a proyectarnos a entender estos seres celestiales que son los ejércitos que Dios crea para ponerlos en medio de este firmamento que es la Raquia.

Leemos que estas luminarias, estos seres espirituales fueron puestos para separar el día de la noche.

1 | El Día Y La Noche

Al leer el Génesis es importante notar que cada día de la creación, no se refiere a un día y a una noche como los nuestros, sino que está escrito: fue la tarde y la mañana un día.

Esta palabra tarde es obviamente diferente a la palabra noche, porque aquí la noche se refiere al reino de las tinieblas. Por eso al ser soltada la Luz del primer día, lo primero que hace Dios es separar el Día de la noche, esto es el ámbito de la Luz y del de las tinieblas, dos lugares espirituales.

A lo largo de la Biblia vamos a ver como ésta identifica a hijos del Día y a hijos de la noche.

Estas dos dimensiones difieren totalmente del concepto de la tarde y la mañana, las cuales denotan los días físicos en el tiempo de la creación.

Ahora bien, volviendo al cuarto día, dice que estas luminarias fueron puestas para separar el Día de la noche. Luego éstas, que en realidad son seres angélicos, están puestas como autoridad para dividir los dos ámbitos. Esto tiene que ver con los ejércitos de los cielos que van a servir y a ministrar juntamente con los hijos de Dios.

Esto es lo que le dice el ángel a Juan en el Apocalipsis:

> ***Yo soy consiervo tuyo*** y de tus hermanos que retienen el testimonio de Jesús.
> | **Apocalipsis 19:10**

Un consiervo, no es uno que sirve a alguien más, sino uno que colabora juntamente con otro de su mismo rango. Tienen la misma misión y trabajan paralelamente, uno en el cielo y otro en la tierra.

De esta misma manera es que son establecidas las luminarias para operar en unidad con los hijos de Dios.

> Y sean por lumbreras en la expansión de los cielos (*en la Raquia del Shamayim*) para alumbrar sobre la tierra y fue así.
>
> E hizo Dios las dos grandes lumbreras; la lumbrera mayor para que señorease en el día, y la lumbrera menor para que señorease en la noche; hizo también las estrellas.
>
> Y las puso Dios en el raquia del Shamayim (expansión de los cielos) para alumbrar sobre la tierra,

Y para el *señorear* en el día y en la noche, y para separar la luz de las tinieblas. Y vio Dios que era bueno y fue la tarde y la mañana el día cuarto.

| **Génesis 1: 15-19**

Vemos aquí, que estas luminarias van a ejecutar una acción de gobierno, la cual es **señorear.** Esto indica un verbo inteligente, no es simplemente un astro que está brillando para darnos calor o luz. Su función es separar la Luz de las tinieblas.

En este Raquia es donde operan los ejércitos de Dios. En éste existen la orden angélica de "las luminarias" y las estrellas. Entre estas últimas hay ángeles de diferentes rangos, así como seres humanos.

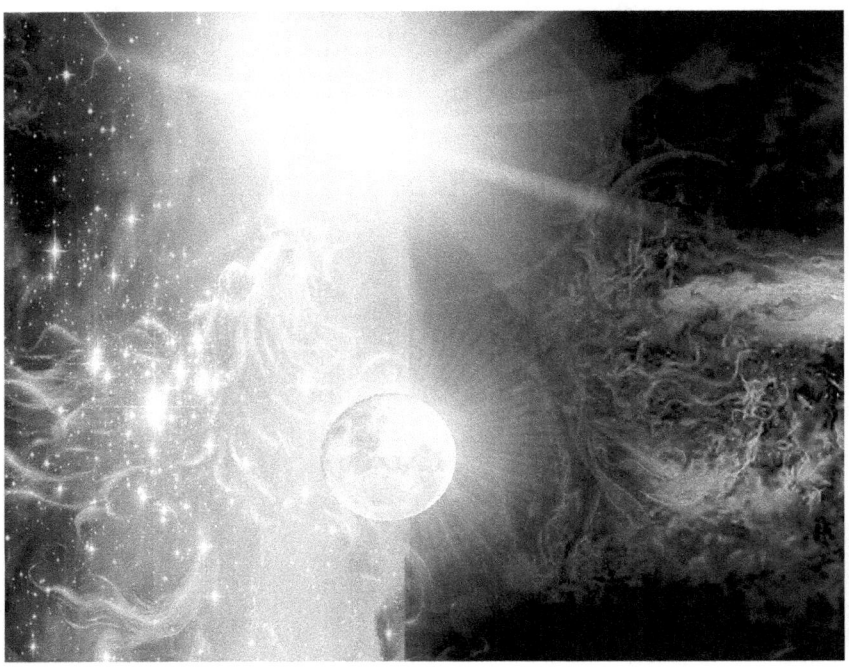

Las luminarias señorean, separando el día y la noche

Enoc, a quién se le dio profundo conocimiento sobre las luminarias escribe en este segmento:

> Y después de eso vi el camino oculto de la luna y también el visible, y como ella cumple el recorrido de su camino en ese lugar de día y de noche; y uno mantiene una posición opuesta al otro (sol y luna) ante el Señor de los espíritus, ellos dan gracias y alaban sin descanso porque para ellos dar gracias es descansar.
>
> El sol gira frecuentemente para bendecir o para maldecir, y el recorrido de la ruta de la luna es bendición para los justos y tinieblas para los pecadores, en el Monte del Señor que ha separado la luz de las tinieblas y ha repartido los espíritus de los humanos y ha fortalecido los espíritus de los justos en nombre de la justicia.
>
> **| Enoc 61 Libro De Las Parábolas**

¿Qué quiero decir con seres humanos en el Raquia? Cuando fuimos creados antes de la fundación del mundo, lo primero que hizo Dios fue poner nuestra estrella en el firmamento, el cual pertenecía al mundo invisible en aquel momento. Éramos seres de luz en el reino de Dios. La palabra de Dios dice que el Padre nos bendijo con toda bendición espiritual en los lugares celestiales en Cristo y nos escogió en Él, antes de la fundación del mundo[39].

[39] - Efesios 1:3-4

Mi estrella en el firmamento

Estos lugares celestiales es el Raquia de Dios. Este pertenece a las dos dimensiones, primeramente, a la invisible y después del cuarto día a la visible.

Cuando Dios creó a Adán, su estrella empezó a brillar en el Raquia, porque él fue creado para gobernar por medio del reino de la Luz. Nosotros somos la luz del mundo, y esto no es un concepto, es un profundo entendimiento espiritual como ya lo vimos.

Cuando Dios separa la Luz de las tinieblas en el primer día, se crea entre los dos un espacio vacío, una división. Es ahí donde va a colocar el Raquia tras de separar las aguas de arriba de las aguas de abajo.

Me encontré un pasaje muy interesante en el libro de Enoc en la versión hebráica. Hay tres libros de Enoc, y el tercero es al que me estoy refiriendo.

Lo que me impactó al leerlo es que el traductor usó la palabra "Raquia".

Cuando el Santo, su nombre sea bendito, entraba y salía del jardín del Edén y del Edén al jardín y del jardín a la Raquia y de la Raquia al jardín del Edén, todos veían el esplendor de su Shequina (gloria).

Y no vino mal sobre ellos sino hasta la generación de Enoc, el cual era el jefe de todos los adoradores del mundo.

Entonces cuando Enoc fue traspuesto a lugares celestiales, aún los ángeles se preguntan ¿y este que hace aquí?

Elohim entraba y salía del Raquia al jardín del Edén

El punto que quiero llegar es que el jardín del Edén estaba ligado al Raquia y éste era el punto de conexión para que Dios pudiese descender a la naturaleza física y a la celestial en el jardín del Edén.

El jardín del Edén no era completamente físico, sino que era bidimensional. En éste estaban reunidos los cielos y la tierra. Por eso es qué Adán y su mujer podían comer de los árboles frutales, pero también del Árbol de la vida y desgraciadamente del árbol de la ciencia del bien y del mal. Podían ver el Santo Monte de Dios, y el Padre se paseaba con ellos. Oían su voz, en el suave viento de la tarde esto es, cuando el Raquia se hacía visible Y estaban revestidos de vestiduras de luz.

> Cuando soplaba la brisa fresca de la tarde, el hombre y su esposa vieron al Señor Dios caminando por el huerto.
> **| Génesis 3:8a[40]**

Las dos dimensiones unidas era algo maravillosamente hermoso. La única manera en que Adán y su mujer podían ver las estrellas era por la naturaleza plenamente celestial de éstas, ya que en el paraíso no había noche, sólo tarde. Es muy claro que en la tarde no se pueden ver las estrellas si sólo hay una sola dimensión física.

Por otro lado antes que lloviera sobre la tierra en el tiempo de Noé había una cubierta de vapor que cubría toda la tierra. Luego, era imposible ver ni la luna ni las estrellas.

> porque Jehová Dios aún no había hecho llover sobre la tierra, ni había hombre para que labrase la tierra, sino que subía de la tierra un vapor, el cual regaba toda la faz de la tierra.
> **| Génesis 2:5b-6**

Si las luminarias fueron puestas para servir de señales para las estaciones días y años y para alumbrar sobre

[40] -. Biblia nueva traducción viviente

la tierra, era necesario que pudieran ser vistas. La única forma para que esto sucediera en el jardín del Edén, era viendo la dimensión celestial y a las luminarias como los ejércitos en el Raquia.

Hoy por hoy vemos con nuestros ojos naturales el resultado de un firmamento caído, pero atrás de éste existe el verdadero, el cual marca las estaciones de Dios para los hombres. Donde los hijos de Luz escuchan del Padre, los tiempos señalados, y en unidad con el Espíritu los decretan sobre la tierra.

Ahora, Jesús vino a restaurar lo que se había perdido, esto es el jardín del Edén unido al Raquia.

El problema es que, a la hora de la caída, la noche cubrió la tierra y el diablo estableció para sí mismo un falso Raquia. Por eso al ser destituidos Adán y su mujer del Edén, satanás va a instigar a los seres humanos a adorar al sol, a la luna y a las estrellas. Porque él sabía que se necesitaban las luminarias para tener el gobierno sobre la tierra.

La primera noche y el falso Raquia

En el tercer libro de Enoc, está descrito como fueron arrestadas las luminarias forzándolas a servir en el gobierno de Satanás.

> *¿Y qué es lo que hizo la generación de Enoc? Fueron de un lado al otro del mundo, y cada uno trajo plata, oro, piedras preciosas, y perlas en grandes cantidades. Irguieron ídolos por todo el cuartel de la tierra. Hicieron descender al sol, a la luna, a los planetas y a las constelaciones, y las pusieron al lado derecho y al lado izquierdo de cada ídolo para que fuesen honrados de la misma manera que se honra al Altísimo[41].*

> *Y qué poder tenían para haberlos podido traer abajo, y no lo hubieran podido hacer si no fuera porque Uzza, Azza y Azazel, quiénes les enseñaron hechizos para poderlos traer abajo y hacer uso de ellos[42].*

En esta lectura es obvio que el sol la luna y las estrellas no eran los cuerpos de los astros que vemos brillar hoy en el firmamento, sino seres espirituales que podían ser arrestados y traídos abajo para sustentar la idolatría.

Esta es la razón por la cual es tan importante que nosotros entendamos el Raquia; porque el gobierno de Dios tiene que ver con las luminarias unidas a los hijos de Dios.

Vemos un pasaje muy interesante en el libro de los jueces, en que el ejército de Sísara usa las estrellas para vencer en la batalla.

---

[41] - Tercer libro de Enoc, nueva traducción hebraica, capítulo uno, página 175. Complete books of Enoc, Dr A. Nyland

[42] Tercer libro de Enoc, nueva traducción hebraica, capítulo uno, página 175. Complete books of Enoc, Dr A. Nyland

Desde los cielos pelearon las estrellas;
Desde sus órbitas pelearon con Sísara.
| **Jueces 5:20 Biblia Textual IV**

2 | Cuerpo Celestial

Si bien las luminarias son seres espirituales, los hijos de Dios también somos estrellas y tenemos un cuerpo celestial. En nuestra manifestación de Luz, unidos a nuestra estrella y en colaboración con las luminarias tenemos el poder para deshacer el falso Raquia.

Somos la luz y tenemos el poder para deshacer el falso Raquia

Vamos a ver esto escrituralmente. Cuando el apóstol Pablo quiere hablar del cuerpo espiritual, va a ser muy específico en usar la palabra cuerpo espiritual; Pero aquí va a usar otro término, por medio del cual, no solamente se va a referir a nosotros como terrenales y espirituales, sino que va a añadir "cuerpo celestial".

> Y hay cuerpos celestiales, y cuerpos terrenales; pero una es la gloria de los celestiales y otra la de los terrenales.
> | **1 Corintios 15:40**

Si leemos esto con la mente natural, pensaremos que se refiere al nivel de brillo que vamos a tener en nuestros cuerpos resucitados después de la muerte. Pero esto es algo mucho más profundo que tenemos que entender. Pablo no está hablando de nuestro nivel de resplandor cuando dejamos esta tierra, sino de nuestro cuerpo celestial en la resurrección, mientras estamos vivos.

Está estableciendo que además de tener un cuerpo espiritual tenemos un cuerpo celestial. Esto quiere decir qué tenemos un cuerpo natural, físico, un cuerpo espiritual, qué es nuestro espíritu dentro de nosotros, pero también tenemos un cuerpo celestial, el cual está sentado con Cristo en lugares celestiales.

Nuestro espíritu está ligado a nuestro ser celestial. Nuestro espíritu opera en el poder del cuerpo celestial.

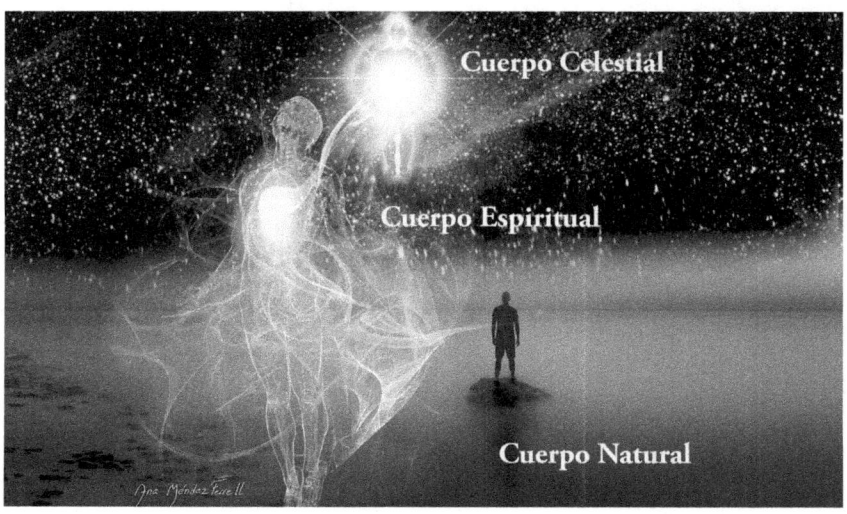

Cuerpo Celestial, Cuerpo Espiritual, Cuerpo Natural

Permítame explicarle esto con detenimiento.

Pablo continúa diciendo en esta misma epístola, que como es el terrenal sí también son los terrenales y como es el celestial así también son los celestiales. (1 Corintios 15:48)

Notemos que Pablo está hablando de Jesucristo como una figura celestial.

No está diciendo: Cómo es el terrenal también son los terrenales y como es el espiritual también son los espirituales.

Lo que quiero que entendamos es que sobre cada uno de nosotros existe un cuerpo celestial. Y este cuerpo es nuestro ser antes de la fundación del mundo, qué se hace visible al ojo natural como una estrella en el firmamento.

Conforme al celestial, también los celestiales

Nos damos cuenta de esto porque cuando Jesús nace en la tierra, lo primero que van a ver los magos es Su estrella brillando en el cielo.

Los autores bíblicos muchas veces usan nombres de astros para representar la persona de Jesucristo, ya sea como el Sol de justicia, o como la Estrella o el Lucero resplandeciente de la mañana. Pedro lo expresa de la siguiente manera:

> Tenemos también la palabra profética más segura, a la cual hacéis bien en estar atentos como una antorcha que alumbra en lugar oscuro, hasta que el día esclarezca y el Lucero de la mañana salga en vuestros corazones.
> | 2 Pedro 1:19

Mi estrella sobre mí

El libro de Ezequiel menciona también este Raquia cuando ve a los seres vivientes.

> Y sobre las cabezas de los seres vivientes aparecía una expansión a manera de cristal maravilloso, extendido encima de sus cabezas.
> | Ezequiel 1:22

Esta palabra "expansión" es la palabra "Raquia".

Entonces vemos que sobre estos seres vivientes hay un Raquia, de la misma manera que lo hay sobre nosotros Estos se mueven por medio de unas ruedas que giran alrededor de ellos.

> Y sobre *la expansión* (Raquia) que había sobre sus cabezas se veía la figura de un trono que parecía de piedra de zafiro y sobre la figura del trono había una semejanza que parecía de hombre sentado sobre él.
> | Ezequiel 1:26

La Raquia, que está por encima de las cabezas de los seres vivientes, es lo que los está conectando directamente a la autoridad del Trono.

Estamos viendo en esta ilustración los seres vivientes y sobre de ellos está la dimensión de la Raquia y el trono de Dios.

Los cuatro seres vivientes, el Raquia, y el trono de Dios

Al nosotros también ser estrellas dentro del Raquia, somos iluminados directamente por el trono de Dios para entender su perfecta voluntad, y ser guiados por Él. Es donde nuestro ser celestial inmerso en Cristo nos une al Trono de su gobierno.

Mientras Ezequiel veía el Raquia sobre las cabezas de los seres vivientes *como una expansión a manera de cristal maravilloso* y ésta debajo del trono, Juan vio esta misma visión desde el mismo trono.

> Y delante del trono había como un mar de vidrio semejante al cristal; y junto al trono, y alrededor del trono cuatro seres vivientes llenos de ojos delante y detrás.
> | **Apocalipsis 4:6**

Lo que ambos estaban viendo eran las Aguas de arriba que es Cristo envolviendo en sí mismo el firmamento del Raquia.

3 | El Raquia Y La Ciudad Celestial

Quiero unir este tema del Raquia con el de la Nueva Jerusalén que analizamos anteriormente. Vimos cómo la Nueva Jerusalén es nuestro estado de resurrección y la ciudad donde habitamos como hijos de Dios. La ciudad está en nosotros y nosotros en la ciudad. Estudiamos también como al entrar a la Ciudad de Dios vivo, es que nuestra habitación celestial puede ser formada en nosotros. Esta transformación empieza primero en nuestro ser celestial para luego ser transmitida a nuestro ser espiritual.

Estoy haciendo una clara diferencia entre nuestro ser espiritual y nuestro ser celestial.

En la segunda epístola a los Corintios el apóstol Pablo vuelve a mencionar esta naturaleza celestial.

La nueva Jerusalén recubriendo nuestro ser celestial

> Y por eso es que también gemimos deseando ser revestidos de aquella nuestra habitación celestial.
> | **2 Corintios 5:2**

La resurrección es nuestro fundamento en Cristo, la cual habita y vivifica **nuestro espíritu**, impregnándolo de vida inmortal; pero la Luz por la cual brillamos a perpetuidad viene del Raquia de Dios sobre nosotros, esto es del trono al cual está conectado.

El nivel en el que nos fundimos con el Padre y con el Hijo, y vamos siendo revestidos de Su santidad, de Su amor y de

Su justicia, es el nivel que determina el brillo de nuestra estrella.

De esta luminosidad escribe Enoc:

> Después vi otros relámpagos y estrellas del cielo, y cómo Él las llamaba por sus nombres y ellas le prestaban atención.
>
> Y vi como ellas eran pesadas en balanzas justas, de acuerdo con su luminosidad, sus dimensiones y el día de su aparición y cómo su movimiento genera relámpagos y vi su curso de acuerdo con el número de los ángeles, y como se guardan fidelidad entre ellas.
>
> Le pregunté al ángel que iba conmigo y me mostró lo que estaba oculto:
>
> "¿Qué es eso?" me dijo: "El Señor de los espíritus te ha mostrado su parábola; estos son los nombres de los santos que viven sobre la tierra y creen en el Señor de los espíritus por los siglos de los siglos.

| Enoc 63, Libro De Las Parábolas

Hemos hablado anteriormente cómo la resurrección y la Nueva Jerusalén están unidas, y son de alguna manera la misma esencia. Por causa de la resurrección es que llego a nacer dentro de Ciudad celestial.

En la espléndida descripción que hace Isaías de la nueva Jerusalén, vamos a ver aparecer una vez más las lumbreras.

> El sol nunca más te servirá de luz para el día ni el resplandor de la luna te alumbrará, sino que Jehová te será por luz perpetua y el Dios tuyo por tu gloria.
>
> **| Isaías 60:19**

Aquí claramente se refiere a los astros que alumbran la tierra de forma natural.

Ahora, quiero que note que entre el versículo 19 y el versículo 20, Isaías va a hacer la diferencia entre el sol y la luna físicos y el sol y la luna celestiales.

Acabamos de leer que el astro rey y la luna ya no serán más los que nos va a alumbrar, pero notemos cómo está escrito en el versículo 20:

> No se pondrá jamás **tu sol,** ni menguará **tu luna**; porque Jehová te será por luz perpetua y los días de tu luto serán acabados.

Aquí estamos viendo exactamente lo mismo que mencionaba el apóstol Pablo en la epístola a los Corintios. Tenemos un cuerpo celestial qué es el que nos va a dar la luz, y que va a iluminar nuestra vida.

Entonces en el mundo natural nos movemos con la luz del sol. *Conforme al terrenal tales son los terrenales.*

Pero en la esfera espiritual Jesús es nuestra Lumbrera que nos ilumina desde el Raquia.

En nuestra naturaleza terrenal caída estamos separados de Cristo, luego venimos al Señor, y en el mundo espiritual nos alineamos con nuestra naturaleza celestial.

Mi estrella, señorea en el Raquia, pero está sujeta e iluminada por el Sol de Justicia.

Somos todos un solo firmamento, cada uno con su lugar desde donde brillamos. Ninguna estrella estorba a otra, y todas son hermosas. Cuando sale el Sol de justicia se ocultan las estrellas. Ellas siguen brillando, pero ya no se pueden ver porque el sol se vuelve el único resplandor visible. Somos absorbidos en su Luz y el mundo sólo lo ve a Él.

Inmersos en Cristo, nuestra Lumbrera Mayor

Aquí es donde el nuevo nacimiento es un concepto muchísimo más profundo que la teoría religiosa que se nos ha enseñado.

Cuando nazco del Agua y del Espíritu voy a empezarme a mover en mi naturaleza celestial.

Cuando Nazco de nuevo me uno a mi ser celestial

Ahora comparemos este pasaje de Isaías donde habla de nuestro sol y nuestra luna que ya no menguarían más, con la visión que Juan tiene de la santa ciudad.

> Y no vi en ella templo porque el Señor Dios todo poderoso es el templo de ella y el Cordero.
>
> La ciudad no tiene necesidad de sol ni de luna que brille en ella porque la gloria de Dios la ilumina y el Cordero es su luminaria.
>
> **| Apocalipsis 21: 22-23**

Aquí estamos viendo cómo nuestra naturaleza celestial, es Cristo habiéndonos absorbido completamente. No dejamos de existir, seguimos siendo estrellas, pero dentro de Él. Ese cuerpo celestial, revestido del Sol de justicia, se vuelve la naturaleza a través de la cual podemos gobernar con Él. Un espíritu, una mente, en completa unicidad.

Las luminarias fueron puestas para gobernar. Cuándo genuinamente nazco de nuevo por el Agua que es Cristo y su Espíritu, es que puedo conectarme con mi naturaleza celestial. Eso va a producir que ya no me vea más como un ser terrenal y mortal, sino que me vea como una luminaria llamada a ser luz sobre la tierra.

> Os juro, oh, justos, qué en el cielo, los ángeles toman nota de vuestra bondad ante la gloria del todopoderoso. Esperad con paciente esperanza, pues anteriormente habéis sido deshonrados con el mal y el sufrimiento, pero ahora *brillaréis como las luminarias del cielo. Seréis vistos* y las puertas del cielo se abrirán ante vosotros
>
> **| Enoc 104 :1-2**

Recordemos un poco lo que empecé a compartir acerca de los seres vivientes, y cómo estos tienen un Raquia sobre sus cabezas y sobre éste se ve el trono de Dios. Eso es exactamente lo que nos sucede cuando estamos dentro de la Nueva Jerusalén. Hemos sido revestidos de nuestra habitación celestial. El Raquia y la Lumbrera que es Cristo está sobre nosotros al igual que el trono de Dios. Es de esta manera qué nos convertimos en el templo del Dios viviente.

> Porque los siglos, los tiempos, los años y los días me los mostró Uriel el vigilante, que el Señor de la Gloria ha encargado de todas *las luminarias del cielo, para que reinen sobre la faz del cielo y sean vistas desde la tierra.*
>
> Qué sean guías del día y de la noche, así el sol la luna y las estrellas, Y todas *las criaturas auxiliares que recorren sus órbitas en los carros del cielo.*
>
> **| Enoc 75**

Estas criaturas auxiliares que recorren sus órbitas en los carros del cielo, pueden muy bien ser estos seres vivientes que vio Ezequiel, o bien otra orden angélica, del orden de las luces del cielo.

4 | Portadores De La Luz

Las luminarias y los hijos de Dios en el Raquia, tenemos en común que somos portadores de la Luz de Dios. "Luminaria" en el hebreo es la palabra *Maor*. Esto es el que lleva la Luz del Celestial.

Ahora, aquí hay algo muy interesante a este respecto en el libro de los proverbios.

> La luz de los ojos alegra el corazón.
> **| Proverbios 15:30ª**

La palabra luz aquí, la de los ojos, es otra vez la palabra *Maor*.

Esto significa que cuando hemos sido revestidos de la Nueva Jerusalén, reunificándonos con nuestro ser celestial, nuestra estrella brilla dentro de nosotros y su luz se alcanza a ver en nuestros ojos.

Obviamente no como rayos brillantes, como en las películas de ficción, sino como un brillo espiritual que otros pueden percibir.

Por eso también está escrito que el corazón apacible alegra a los demás. De ahí es que emana la Luz de Dios, la Luz del primer día, la cual es percibida por otros como gozo, justicia y paz. No saben porqué, no saben qué es, no es algo que se pueda ver con los ojos naturales, pero el espíritu de la gente alrededor la puede sentir.

> Cómo es el terrenal también son los terrenales.
> Cómo es el celestial también son los celestiales.
> | **1 Corintios 15:48**

> Su luz resplandeciente está brillando sobre toda la tierra. El resplandor de su Raquia está alumbrando a todo aquel que le busque, haciéndose visible y palpable.

> Sus discípulos dicen: Muéstranos tu lugar, pues es preciso que lo busquemos. Él les dice: Quien tiene oídos, ¡qué oiga! Dentro de un hombre de luz hay luz y él ilumina al mundo entero. Cuando no brilla, hay oscuridad.
> | **Tomás 23**

Una generación de hijos de luz se está levantando, los que tienen oídos para oír y ojos para ver. Esta es la libertad gloriosa de los hijos de Dios que está por ser vista. Todos recibirán el impacto y el fruto. El falso Raquia está siendo quebrantado por ellos. En muchos lugares ya se siente el aire mucho más ligero. Algunos tan sólo sentirán que hay algo nuevo en la atmósfera, pero otros lo entenderán y nacerá en ellos, en su interior, un nuevo resplandor.

> Yeshúa dice: qué quien busca no deje de buscar hasta que encuentre; Y cuando encuentre se turbara; y habiendo estado turbado se maravillará y reinará sobre la totalidad y hallarán el reposo.
> | **Tomas 2 (Apócrifo)**

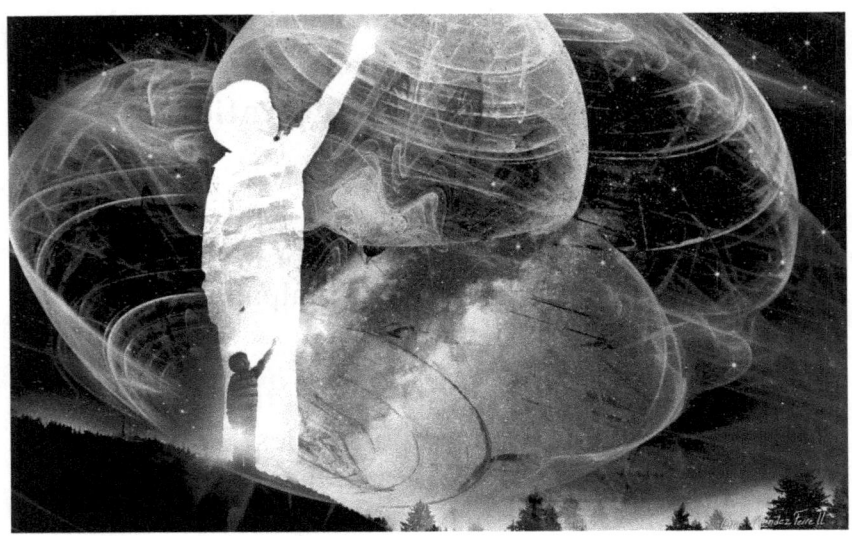

Mi yo Celestial se mueve en las más altas dimensiones del Espíritu

Capítulo 7

CONECTÁNDONOS A NUESTRO SER CELESTIAL

1 | Nacimiento Celestial

Nacer del agua y del Espíritu son quizás las palabras más trilladas por la Iglesia de nuestros días, y sin embargo merecen una revisión profunda, a la Luz de un nuevo día que se levanta.

Mi nivel de autoridad y de conocimiento del Reino de Dios están íntimamente ligados al entendimiento que yo tenga de mi naturaleza celestial.

Si no nazco del Agua y del Espíritu no puedo hacer esta conexión con mi ser celestial.

La cruz es el camino que me santifica y me transforma. Es ahí donde se encuentran la Sangre y el Agua de la cuál están constituidas las aguas vivas en Cristo. En ellas somos sumergidos para alcanzar esta metamorfosis y reconectarnos a nuestra naturaleza celestial.

> Yeshúa dice: si la carne ha llegado a ser por lo espiritual, es una maravilla, pero si el espíritu por lo corporal, es una maravilla maravillosa. Pero yo mismo me maravillo de esto: cómo esta gran riqueza ha sido colocada en esta pobreza.
>
> **| Tomás 29 (Apócrifo)**

La carne fue creada por el Espíritu de Dios, pero cuando de la carne caída Dios puede hacer nacer una nueva criatura, hecha de su Espíritu, es una gran maravilla. Esto sólo fue posible cuando Cristo en su sacrificio hizo morir la carne para dar a luz a los hijos de Dios por el Espíritu.

Por esta causa es que el nuevo nacimiento está íntimamente relacionado con mi estado de resurrección en Cristo, el cual es la vida y la luz de mi ser celestial.

> Sí, pues, habéis resucitado con Cristo, buscar las cosas de arriba donde está Cristo sentado a la diestra de Dios.
>
> **| Colosenses 3:1**

Esto es, sentado en la ciudad celestial, donde él es Rey de Salem y Sumo Sacerdote conforme al orden de Melquizedec.

> Poned la mira en las cosas de arriba, no en las de la tierra porque habéis muerto y vuestra vida está escondida con Cristo en Dios.
>
> **| Colosenses 3:2-3**

Muero a mi naturaleza terrenal al entrar en las aguas del bautismo, pero soy transformado por las aguas provenientes de la Cruz. Tengo que dejar que la Cruz me vaya moldeando para que la naturaleza divina se funda con la mía.

> Cuando Cristo, vuestra vida se manifieste, entonces también vosotros seréis manifestados con él en gloria[43].
> **|Colosenses 3:4**

Aquí Pablo no se está refiriendo a una futura manifestación global de Cristo, sino cuando él se manifiesta en la vida de cada uno de nosotros. Pedro se refiere a esto mismo cuando dice: *hasta que el Lucero de la mañana salga en vuestros corazones*[44].

Cuando esto sucede es que somos manifestados con Él en gloria. Tanto en el cielo como en la tierra brillamos con la luz de Dios. Es entonces que nuestra naturaleza empieza a ser absorbida en su gloria y podemos manifestar Su Luz.

Éste genuino nacer del Agua y del Espíritu tiene que ver con nuestra glorificación.

> Y a los que predestinó a estos también llamó y a los que llamó a estos también justificó; y a los que justificó, *a estos también glorificó.*
> **| Romanos 8:30**

> *La gloria que me diste, yo les he dado*, para que sean uno, así como nosotros somos uno.
> **| Juan 17: 22**

---

[43] - Colosenses 3:4
[44] - 2 Pedro 1:19

Nuestro ser celestial ya fue glorificado, y ahora tenemos que hacer esa conexión con nuestro cuerpo en gloria, estando vivos aquí en la tierra.

Yo estoy físicamente en la tierra, pero Ana tiene un cuerpo celestial en el cielo.

Esto lo podemos ver cuando Jesús le está hablando a Nicodemo acerca del nuevo nacimiento. Tras introducirlo al concepto de un nacimiento espiritual versus un nacimiento natural, Cristo expone que existen cosas terrenales y cosas celestiales.

> Si os he dicho cosas terrenales y no creéis, como creeréis si os dijere la celestiales; ***nadie subió al cielo***, si no el que descendió del cielo ***el hijo del hombre, que está en el cielo.***
>
> | **Juan 3:12-13**

Aquí vemos cómo Jesús estando en la tierra, habla de sí mismo como quién ha subido al cielo y está también en el cielo. Esto lo dijo mucho antes de la Ascensión, y nos da a entender como en el Espíritu tenemos la facultad de subir al cielo y estar en el cielo mientras estamos aquí en la tierra. Fuimos predestinados para ser hechos conforme a la imagen del Hijo.

De igual manera al nacer de nuevo y ser absorbidos en Cristo, en la Nueva Jerusalén, estoy en la tierra, pero estoy también en el cielo.

Mi ser en Jesús, y Jesús en la Nueva Jerusalén

Jesús introduce otra vez el tema de las aguas de vida cuando explica acerca de los ríos de agua viva que fluirían del interior de aquellos que creyesen en él.

> Esto dijo del Espíritu que habían de recibir los que creyesen en él;
>
> Pues según aún no había venido el Espíritu Santo, porque Jesús no había sido aún glorificado.
>
> | **Juan 7: 39**

Entonces tras la resurrección, Jesús asciende a los cielos para ser glorificado, y poder enviar al Espíritu Santo. Es en Él que podemos ser revestidos de nuestra habitación celestial, para que se cumpla la escritura que dice: *como es el celestial tales son también los celestiales*[45].

Es por esto qué el recibir la llenura del Espíritu Santo, es mucho más que hablar en lenguas o tener los dones del Espíritu.

Lo máximo que Jesús anhelaba era su glorificación, porque sólo entonces iba a poder engendrar hijos de Dios, conforme a Su imagen, y morar en ellos.

Como Rey de reyes rigiendo sobre la tierra, necesitaba un cuerpo de gobierno que señoreara junto con él, compuesto de Sus ángeles y de Sus santos. Al tomar el trono, Él unifica los cielos y la tierra y nos abre la posibilidad de reconectarnos con nuestro ser celestial, que es quién somos antes de la fundación del mundo. De esta manera es que nos posicionamos como estrellas en el Raquia de Dios, el cuál es el diseño para reinar juntamente con Él.

2 | Fuimos Predestinados

> Porque a los que antes conoció, también los ***predestinó para que fuesen hechos conforme a la imagen de su hijo,*** para que él sea el primogénito entre muchos hermanos.
> **| Romanos 8:29**

Empezamos a tocar el tema de nuestro ser celestial al introducir el tema de la Raquia. Estudiamos también como fuimos bendecidos por Dios en lugares celestiales antes de la fundación del mundo. Ahora estamos viendo que fuimos predestinados para ser hechos conforme a la imagen de Cristo.

Cuando pensamos en esta palabra "Predestinación", pensamos que hay todo un diseño, como un mapa de cosas que nos tienen que ocurrir en la vida y que fuimos predestinados a vivirlas. Este erróneo concepto de la predestinación hizo que varios de los reformadores del siglo XVI rechazaran esta idea.

Este pasaje de Romanos está hablando de algo que sucedió antes de la fundación del mundo. Fuimos predestinados para eternamente tener la imagen del hijo de Dios.

Entonces este concepto de predestinación, en realidad tiene que ver con la forma en que fuimos creados en Dios, en los cielos.

Veamos qué le dijo el mismo Pablo a los Corintios.

> Más hablamos sabiduría de Dios en misterio, la sabiduría oculta, la cual Dios predestinó antes de los siglos para nuestra gloria.
> **| 1 Corintios 2:7**

Aquí vemos que hay una sabiduría que nos fue impartida antes que Dios creara todas las cosas, la cual está escondida a los ojos del mundo y tiene que ver con nuestra glorificación.

Como dije líneas atrás, el verdadero entrar en el Espíritu y ser llenos de Él tiene que ver con el unificarnos con nuestra persona celestial la cual está llena de gloria.

3 | Las Dos Personas

La palabra persona, cuya definición conforme al diccionario es: la sustancia individual de la naturaleza racional. Esto proviene de que en la modernidad se hizo del ser humano el centro del universo racional. El filósofo Kant la describe como la personalidad del hombre, el cuál es un fin en sí mismo.

Desde nuestra tierna infancia se va formando en nosotros una estructura de pensamiento, y de comportamiento. Ésta, a lo largo de la vida se vuelve el programa subconsciente que regula muchas de nuestras acciones y reacciones.

Es la estructura fundamental de quién yo soy en el mundo. A esto voy a llamarle **"la persona de mi creación"**. Ésta, va a tener su propia manera de desenvolverse en la vida, su propia cultura, su propia cosmovisión. Lo importante aquí es que yo soy el creador de esa persona y esto va a estar en total oposición con la persona que yo realmente soy creada por Dios.

La persona que yo fui formando la hice conforme a la realidad del mundo que me rodeaba y la persona creada por Dios la formó Él mismo conforme a su sabiduría antes de la fundación del mundo.

El alma es la responsable de la creación y el funcionamiento de "mi persona". El alma no es la persona, es la que la nutre y la hace funcionar. Y es también el vínculo que conecta mi cuerpo con mi espíritu[46].

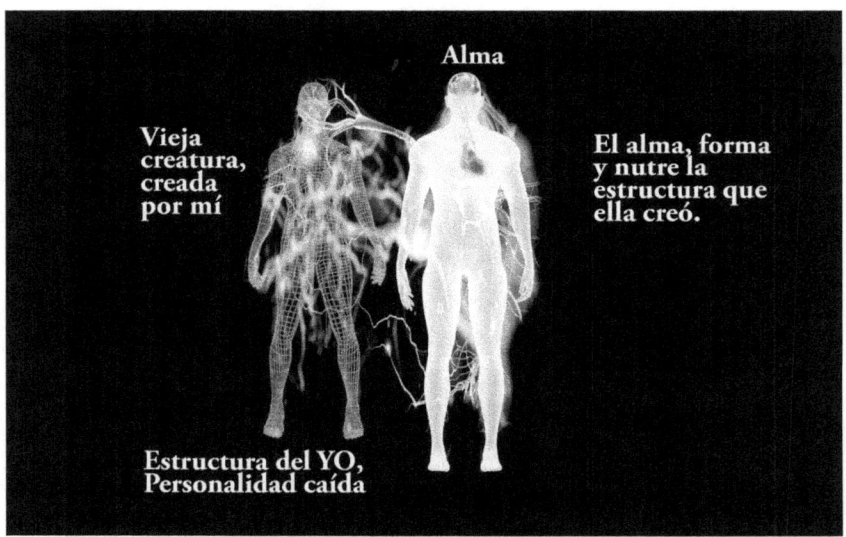

Vamos a imaginarnos un ejemplo de esta persona que cada uno de nosotros creó. Ésta fue formada por medio

---

[46] - En mi libro el Espíritu Del Hombre, hablo con detenimiento de todas las funciones del alma y del espíritu.

del caos de una familia disfuncional y por esta causa se le formó una personalidad de rechazo, con complejos de inferioridad y tiene miedo de muchas cosas. Se siente amenazada continuamente por el temor a la enfermedad y a la muerte. Se formaron en ella una serie de inseguridades, temor al hombre y temor a decir lo que siente.

Todo esto, o lo que corresponda a lo que cada uno de ustedes fue creando, se vuelve una estructura, un edificio por llamarlo de alguna manera, que es el fundamento o la edificación de nuestro YO.

Esta estructura va a ser la guía de cómo me muevo, me desenvuelvo y reaccionó aquí en la tierra.

Estas armazones empiezan a ser vigentes a partir de la caída. Dios nos creó para que fuésemos a imagen del Hijo de Dios.

Cuando Adán fue creado, funcionaba en acuerdo a su persona celestial. Dios había creado esta personalidad, o esta persona perfecta para que el hombre operara a través de ella y fuese de gran poder y de gran sabiduría sobre la tierra.

Cuando el hombre come del fruto del árbol del conocimiento del bien y del mal se separa de su persona celestial y es en ese momento que va a crear él mismo su propia persona.

Entonces, el alma va a ser el instrumento para que esa persona creada por cada uno de nosotros pueda funcionar y tener vida en sí misma.

Por otro lado, nuestro espíritu, está compuesto de todos los órganos y funciones para qué nuestro ser celestial pueda hacerse visible y operar a través de nosotros. **Nuestro espíritu no es nuestro ser celestial, es el organismo espiritual diseñado para manifestarlo.**

Cuando la Biblia nos llama a llevar a muerte nuestra vieja creatura, esta hablando de destruir esa estructura que fue creada por nosotros. Nuestra alma no es lo que tiene que morir. Cuando hacemos morir toda esa creación corrupta, nuestra alma no muere. Continuamos teniendo mente, emociones y voluntad.

Lo que quiero que le quede claro es que hay una gran diferencia entre el alma con todas sus funciones y "la persona" que tu y yo creamos. Esa personalidad o persona es la que tengo que llevar a la Cruz. Mi alma va a quedar al servicio de la nueva creatura, la cual va a transmitir por medio de mi espíritu, los pensamientos y sentimientos de mi ser celestial.

En la gráfica a continuación, vamos a ver las dos personas, la estructura creada por el alma y el ser celestial creado por Dios. La persona en corrupción está ligada al alma quien la creó y la hace funcionar, y el ser celestial ligado al espíritu.

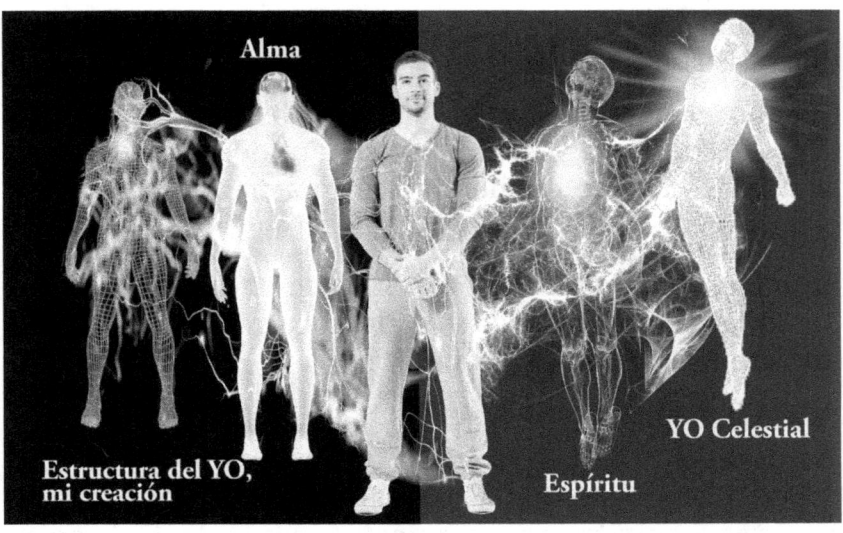

Las 2 Personas

> Hacer morir, pues, lo terrenal en vosotros: fornicación, impureza, pasiones desordenadas, malos deseos y avaricia, que es idolatría; cosas por las cuales la ira de Dios viene sobre los hijos de desobediencia en las cuales vosotros también anduvisteis en otro tiempo cuando vivías en ellas.
>
> Pero ahora dejad también vosotros todas estas cosas: ira, enojo, malicia, blasfemia, palabras deshonestas de vuestra boca.
>
> No mintáis los unos a los otros habiendo despojados del viejo hombre con sus hechos, y revestido del nuevo el cual conforme a la imagen del que lo creo se va renovando hasta el conocimiento pleno.
>
> **| Colosenses 3:5-10**

4 | El Cuerpo Luminoso

Revisemos un poco más cómo Jesús nos habla de esa luz interna.

> Nadie pone en oculto la luz encendida, ni debajo del almud, si no en el candelero, para que los que entran vean la luz.
>
> La lámpara del cuerpo es el ojo; cuando tu ojo es bueno, también todo tu cuerpo está lleno de luz; pero cuando tu ojo es maligno también tu cuerpo está en tinieblas.

Mira pues, no suceda que la luz que hay en ti sea tinieblas.

Así que, si todo *tu cuerpo* está lleno de luz, no teniendo parte alguna de tinieblas, *será todo luminoso* como cuando una lámpara te alumbra con su resplandor.

| Lucas 11:33-36

Para que mis ojos sean buenos y sean llenos de luz, debo tener mi enfoque en el cielo, en las dimensiones de la Luz.

Como ya hemos establecido, dónde tengo mi enfoque, ahí tengo mi conciencia, y mi nivel de luz.

Mis ojos son buenos cuando veo a través de los ojos redentivos de Dios. Dónde hay enfermedad, veo salud. Donde veo pobreza, veo la esperanza y la provisión divina. Dónde veo angustia, veo la paz que está viniendo del cielo.

Si mis ojos están enfocados en ver la angustia, la desesperanza, el temor, si lo único en lo que me enfoco es en ver cómo se está confabulando el mal, si el corazón está lleno de desamor, viendo como se van a ir al infierno los impíos, si lo único que se profetiza es pura destrucción sobre la tierra, si la boca está trayendo temor y control sobre la gente, ese es un corazón de tinieblas y no de Dios. A través de esos ojos se miran las tinieblas y el cuerpo está lleno de tinieblas.

Muchos podrán decir: tengo la luz, pero su boca y sus hechos están hablando el temor y la angustia.

Así que, si tu cuerpo está lleno de luz, no teniendo parte alguna de tinieblas, todo tu ser será luminoso. (Lucas 11:36)

Entonces tenemos que discernir de donde están viniendo nuestros pensamientos, ¿en dónde está nuestro enfoque?

El Padre de las luces está llamando a las Luminarias que se unan, las de los cielos y las de la tierra.

5 | Lo Que Es De Arriba Vence El Mundo

La parte más compleja para entender a Jesús es que él no es de este mundo, y su reino tampoco lo es. Él está fundamentado en el cielo y en los principios de arriba, nosotros venimos de la tierra dónde hemos sido formados por los principios de este mundo.

Jesús y el sistema en el que vivimos tienen dos lenguajes completamente diferentes y dos fundamentos opuestos.

En una ocasión Jesús hablándole a los fariseos les dijo:

> Vosotros sois de abajo, *yo soy de arriba*. Vosotros sois de este mundo *yo no soy de este mundo*.
> | **Juan 8:23**

Y vuelve a expresar ese mismo principio, cuando ora a su Padre para que los que crean en Él sean uno con ellos.

> Y *ya no estoy en el mundo*; mas estos están en el mundo, y yo voy a ti. Padre Santo, a los que me has dado, guárdalos en tu nombre, Para que sean uno, así como nosotros.
> | **Juan 17:11**

Cuando Cristo resucitó de entre los muertos no se quedó en la tierra, la resurrección lleva en sí misma un ascenso a los cielos.

Es un poder que te lleva hacia arriba. Es el poder que arrebató a Pablo al tercer cielo, y a Juan, cuando Cristo en su gloria le dijo sube aquí, y entró por las puertas eternas a la dimensión del trono de Dios.

Cuando Cristo te envuelve y te absorbe en él, en la luz de la resurrección eres ascendido para reconectarte con tu ser celestial en las alturas. Para ser de arriba y no de abajo.

Lo que está arriba tiene el poder para hacer subir lo que está abajo. Él imparte su resurrección y su vida dentro de nosotros y es esta vida la que él toma para llevarla arriba, donde él está. Él se toma a sí mismo en nuestra resurrección.

> En la casa de mi padre muchas moradas hay, (arriba) si así no fuera, yo os lo hubiera dicho; voy, pues, a preparar lugar para vosotros.
>
> Y si me fuere y os preparare lugar, vendré otra vez, y *os tomaré a mí mismo*, para que donde yo estoy vosotros también estéis.
>
> **| Juan 14:2-3**

Lo que es de arriba vence al mundo, al sistema de mentira. La verdad es de arriba, la mentira y el caos son de abajo. El Espíritu es de arriba y nos lleva a toda verdad. La verdad nos santifica porque nos transforma en lo de arriba. Somos lavados por la palabra, por el Verbo Viviente y arrancados de la mentira y del caos.

Arriba mora la verdad, el amor, la iluminación de todo lo espiritual, la libertad. La vida es el conocimiento del Padre por medio de Jesucristo. Es donde se encuentra el reposo donde podemos ver y oír al Padre.

Lo que es de arriba se eleva porque no tiene peso. El viento, el aliento de Dios, es de arriba, así los nacidos de Dios no tienen peso en sí mismos porque tienen en ellos el peso de la gloria que no se sujeta a la gravedad.

La verdad nos arroba en sí misma para ya no ser de este mundo, nos santifica porque nos sumerge en lo santo, en lo que se ha separado de la mente de este mundo. El sistema puede ser vencido, doblado, sujetado, la verdad jamás.

> Yeshua dice: quien ha conocido el sistema, ha encontrado un cadáver y quien ha encontrado un cadáver, de él no es digno el sistema.
> **| Tomás 56 Apócrifo**

Los verdaderos santos humillan el sistema en su humildad, vencen la mentira con la verdad, el materialismo con el desprendimiento y la generosidad, la necia rivalidad de un sistema egocentrista, con el amor divino que no busca lo suyo, sino agradar continuamente al Padre.

La verdad es la sustancia, es el Verdadero. *Si permanecéis en mi palabra, la verdad os hará libres.* Nos liberta del sistema, el cual es esclavitud porque está sustentado por el temor a la muerte.

Lo verdadero llena lo que no es, lo sustancial llena lo que no tiene sustancia. La verdad es la luz que disipa las tinieblas. El amor es luz y es la sustancia de la verdad.

Cuando volvemos a nuestro estado original sumergidos en Cristo Jesús en el sublime matrimonio y unión con él, podemos llamar a los que están abajo para que entren otra vez en las dimensiones del cielo las cuales son el reino de Dios.

Capítulo 8

GOBIERNO DEL RAQUIA

1 | La Suprema Corte De La Ciudad Celestial.

Veamos ahora la unión que existe en el Raquia entre las luminarias, y los seres vivientes y cómo ellos operan en los cielos y en la tierra, para regir y gobernar junto con los hijos de Dios.

¿A quién le dio Dios el gobierno y el dominio de todas las cosas? En el principio se lo dio Dios a Adán, pero el perdió el reino. Al ser coronado el segundo Adán, que es Cristo, El lo recibe una vez más y lo extiende a Sus santos.

El funcionamiento del gobierno en el Raquia, lo vemos claramente cuando Juan estando en el Espíritu, ve una puerta abierta en el cielo, y asciende a las dimensiones celestiales del trono de Dios.

Dentro de la ciudad del Dios vivo está el trono de Dios y alrededor de éste, se encuentra la Suprema Corte de Justicia en el cielo. Aquí vamos a ver a Cristo como el Cordero y a la vez como el León de Judá, a los seres vivientes, y a los veinticuatro ancianos. Ellos son los que podrán leer y ejecutar las sentencias de Dios para traer justicia en la tierra.

> Y alrededor del trono había veinticuatro tronos; y vi sentados en los tronos a veinticuatro ancianos, vestidos de ropas blancas, con coronas de oro en sus cabezas.
>
> Y delante del trono había como un mar de vidrio semejante el cristal y junto al trono y alrededor del trono cuatro seres vivientes llenos de ojos delante y detrás.
>
> **| Apocalipsis 4:4 y 6**

Esta es la parte gubernamental de la Nueva Jerusalén. Donde está el trono, está el gobierno, y también la justicia y la ejecución de sus juicios. Para que una ciudad sea considerada como tal, necesariamente tiene que haber un gobierno establecido en ella con todas sus ramificaciones, dependencias y administración de sus tesoros.

Los veinticuatro ancianos representan aquellos que, como luminarias, han recibido la facultad de señorear, de gobernar y de juzgar.

El número veinticuatro es simbólico y representa a todos aquellos que fueron establecidos en la Nueva Jerusalén, que recibieron sus vestiduras celestiales y ahora gobiernan sobre el día y la noche, separando la luz de las tinieblas. Éstos no son sólo veinticuatro, sino cientos o miles provenientes de toda nación.

> Y cantaban un nuevo cántico, diciendo: digno eres de tomar el libro y de abrir sus sellos; porque tú fuiste inmolado y con tu sangre nos ha redimido para Dios, *de todo linaje y lengua y pueblo y nación y nos has hecho para nuestro Dios reyes y sacerdotes y reinaremos sobre la tierra.*
> | **Apocalipsis 5:9-10**

> Pero se sentará el Juez… y que el reino, y el dominio y la majestad de los reinos debajo de todo el cielo sea dado al pueblo de los santos del altísimo, cuyo reino es reino eterno y todos los dominios le servirán y obedecerán.
> | **Daniel 7:26a-27**

Ellos son el Raquia gobernante, las luminarias, aquellos cuya Luz, justicia y misericordia resplandecen en la tierra y son hallados dignos de sentarse en los tronos.

> Y vi tronos y se sentaron sobre ellos los que recibieron facultad de juzgar…
> | **Apocalipsis 20:4a**

Juan mismo puede interactuar con ellos, porque él es también una lumbrera gobernante.

Las luminarias recogen las oraciones de los santos, y producen la sinfonía de todas las estrellas cuando adoran a Dios.

Muy temprano cuando empieza el despertar del alba, y el alma se empieza a aquietar, a entrar en el divino reposo de Dios, se puede escuchar el canto de las estrellas. Cuando ellas adoran toda la creación escucha. Poco a poco empiezan a despertar los sonidos de las aves, la armonía de cada criatura en los bosques, en los montes, en los valles, hasta que todos juntos hacen excelsa la adoración al Creador.

Enoc, vio las mansiones de las luminarias y los tesoros que les fueron entregados.

> Después me llevaron a un sitio *cuyos habitantes son como el fuego ardiente, pero cuando desean aparecen como humanos.*
>
> Me llevaron a la casa de la tempestad, sobre una montaña cuya cima tocaba el cielo, y *vi las mansiones de las luminarias y los tesoros de las estrellas* y del trueno, en los extremos del abismo donde están el arco de fuego, sus flechas y carcaj, la espada de fuego y todos los relámpagos.
>
> Luego me llevaron hasta las aguas de vida y hasta el fuego del occidente, el que recogió todas las puestas de sol.
>
> **| Enoc 17:1-4**

Las mansiones de las luminarias están a los lados del Seol, porque su misión es separar la Luz de las tinieblas. Estas mansiones forman un vallado de luz para impedir que las tinieblas avancen a su antojo sobre la tierra.

2 | El Raquia Ejecuta Los Juicios De Dios.

Cuando las luminarias se reúnen en el cielo, para ejecutar justicia, ellas se reúnen en los cielos para determinar los estratos del Raquia que serán sacudidos. Cuando las estrellas pierden su dignidad y resplandor son destituidas. El Raquia en los cielos se enrolla entonces como un pergamino.

Todos los hombres tienen estrella, buenos y malos, pero no todos están establecidos en el Raquia de Dios. Como profetizó el profeta Daniel:

> Los entendidos resplandecerán como el resplandor del firmamento; (Raquia) y los que enseñan la justicia a la multitud, como las estrellas a perpetua eternidad.
> **| Daniel 12:3**

Cuando el sol de justicia brilla y la luz de su Raquia alumbra la tierra, se extiende su misericordia. Cada mañana ésta viene sobre justos e injustos; pero cuando Dios va a actuar sobre la maldad, oscurece el sol y la luna para dar lugar a su ira y a su justicia.

> El sol se convertirá en tinieblas, y la luna en sangre, antes que venga el día grande y espantoso de Jehová.
> **| Joel 2:31**

Estos juicios se aplican tanto a seres angélicos como a los prominentes y malvados de la tierra.

> Mire cuando abrió el sexto sello y aquí hubo un gran terremoto; y el sol se puso negro como tela

> de cilicio, y la luna se volvió toda como sangre; y las estrellas del cielo cayeron sobre la tierra, como la higuera deja caer sus higos cuando es sacudida por un fuerte viento.
>
> Y el cielo se desvaneció como un pergamino que se enrolla; y todo monte y toda la isla se removió de su lugar y los reyes de la tierra, los grandes, los ricos, los capitanes, los poderosos, y todo siervo y todo libre se escondieron en las cuevas y entre las peñas de los montes.
>
> **| Apocalipsis 6:12-15**

Este juicio que estamos leyendo aquí, se llevó acabo en la destrucción de Jerusalén en el año 70 A.D. En ese momento la ira de Dios vino sobre todos aquellos que se habían opuesto a Cristo y lo habían crucificado. Las estrellas de los poderosos de Israel, así como las de sus opresores, el imperio Romano, cayeron como los higos caen de la higuera cuándo es sacudida.

Al ser enrollados los cielos y caer las estrellas se hizo un caos tremendo en la tierra. Los reyes, los poderosos, y todos los que los seguían estaban en conflicto huyendo a las cuevas, queriéndose esconder de la ira de Dios.

Este es el momento culminante en que también Satanás es echado del cielo junto con sus ángeles que conformaban la tercera parte de las estrellas del cielo y finalmente fueron arrojadas sobre la tierra.

> Entonces habrá señales en el sol, en la luna y en las estrellas, y en la tierra angustia en las gentes confundidas a causa del bramido del mar y de las olas. Desfalleciendo los hombres por el temor y la expectación de las cosas que sobrevendrán a

> la tierra, porque las potencias de los cielos serán conmovidas.
>
> **| Lucas 21:25-26**

Satanás tenía como nombre lucero hijo de la mañana. Era el querubín encargado de portar la luz de Dios y tenía acceso al trono de Dios en el Shamayim y a la Raquia, junto a todos los ejércitos angelicales de este firmamento.

> ¡Cómo caíste del cielo (shamayim), oh lucero, hijo de la mañana! Cortado fuiste por tierra, tu que debilitabas las naciones.
>
> Tú que decías en tu corazón: 'Subiré al cielo (shamayim), por encima (del Raquia) de *las estrellas de Dios* levantaré mi trono, Y me sentaré en el monte de la asamblea, en el extremo norte.
>
> **| Isaías 14:12-13**

Aquí vemos varias cosas interesantes, una, que él quiere poner su trono por encima del Raquia de Dios, y la otra es que él usaba su posición celestial, para debilitar las naciones.

Esto nos lleva a entender cómo el efecto de los ángeles en su posición de estrellas y luminarias, tienen un impacto directo sobre lo que sucede en la tierra.

También vemos en este pasaje que les llama a los ángeles, "hijos de Dios" y "estrellas de Dios". Si solamente hubiera estrellas de Dios, no tendría que llamarlas de esta manera simplemente les llamaría estrellas, esto nos deja ver que hay estrellas de Dios y otras que no son de él.

Enoc describe cómo las estrellas se corrompieron y cómo también están ligadas a los pensamientos de los hombres cuando estos los adoran.

> Muchos jefes de las estrellas trasgredirán el orden, alterarán sus órbitas y tareas y no aparecerán en el momento prescrito para ellas.
>
> Todas las leyes de las estrellas serán ocultadas a los pecadores; los pensamientos de quienes viven sobre la tierra estarán errados al respecto y ellos equivocarán sus caminos y tendrán a las estrellas como dioses.
>
> El mal se multiplicará sobre ellos y el castigo contra ellos llegará para aniquilarlos a todos.
>
> | **Enoc 80:6-8**

> Todas las luminarias se inquietan con gran temor y la tierra entera es salvada, mientras tiembla y se turba. Todos los ángeles cumplen las órdenes que han recibido y están deseosos de ser ocultados de la presencia de la gran gloria, mientras los hijos de la tierra se alarman y se angustian.
>
> | **Enoc 102:3-4**

Para que alguien tenga el gobierno y el dominio necesariamente tiene que estar establecido en el Raquia.

Satanás perdió este lugar eternamente y para siempre, lo mismo que sus ángeles. No son otra cosa sino un abominable despojo y deshecho sin gobierno ni autoridad, vencidos continuamente por los entendidos de Dios.

Dios estaba trayendo su juicio tanto sobre ángeles como sobre los hombres.

> También apareció otra señal en el cielo: he aquí un gran dragón escarlata, que tenía siete cabezas

y diez cuernos, en sus cabezas siete diademas y su cola arrastraba *la tercera parte de las estrellas del cielo, y las arrojó sobre la tierra.*

Después hubo una gran batalla en el cielo: Miguel y sus ángeles luchaban contra el dragón; y luchaban el dragón y sus ángeles; pero no prevalecieron ni se halló ya lugar para ellos en el cielo.

Y fue lanzado fuera el gran dragón, la serpiente antigua, que se llama diablo y Satanás el cual engaña al mundo entero; fue arrojado a la tierra y sus ángeles fueron arrojados con él.

Entonces oí una gran voz en el cielo que decía: ahora ha venido la salvación, el poder, y el reino de nuestro Dios, y la autoridad de su Cristo; porque ha sido lanzado fuera el acusador de nuestros hermanos, el que acusaba delante de nuestro Dios día y noche.

Ellos le han vencido por medio de la sangre del Cordero y de la palabra del testimonio de ellos, y negando sus vidas hasta la muerte.

| Apocalipsis 12:3-4ª y 7-11

En esta gran batalla en los cielos, vemos no solamente a Miguel y a sus ángeles peleando, sino que la interacción de los santos en los lugares celestes fue determinante para la caída de Satanás y la victoria de Miguel...*Ellos le han vencido.*

Todo esto que se estaba llevando a cabo en los cielos, es parte de la escena que analizamos anteriormente, en que Juan está con los 24 ancianos y los cuatro seres vivientes frente al trono de Dios.

El Cordero abrió los sellos para emitir las sentencias y que sus juicios se ejecutaran. Esta es la forma en que el Raquia de Dios opera juntamente con las estrellas de Dios (ejércitos celestiales), los seres vivientes y las luminarias[47].

Mientras Dios lleva a cabo sus juicios, los seres vivientes, los hijos de Dios gobernantes, representados en los 24 ancianos y los millares de millares de ángeles, adoran. La adoración que proviene de los lugares celestiales irradia la luz necesaria para despertar a todo ser viviente para que reconozca su posición en Dios y le adore.

> Decían a gran voz: el Cordero que fue inmolado es digno de tomar el poder, las riquezas, la sabiduría, la fortaleza, la honra, la gloria y la alabanza.
>
> ***Y a todo lo creado que está en el cielo y sobre la tierra y debajo de la tierra, y en el mar y a todas las cosas que en ellos hay oí decir*** al que está sentado en el trono y al Cordero, sea la alabanza, la honra, la gloria y el poder, por los siglos de los siglos.
>
> **| Apocalipsis 5:12-13**

Por eso el Rey David, quien era la luz de Israel[48], la luminaria que alumbraba la Luz del Padre, escribió:

> Alabad a Jehová ***desde los cielos;***
> ***Alabadle en las alturas,***
> Alabadle vosotros todos sus ángeles;
> Alabadle vosotros todos sus ejércitos.

---

[47] - Apocalipsis 5:5-10
[48] - 2 Samuel 21:17

Alabadle Sol y Luna;
Alabadle vosotras *todas lucientes estrellas.*
| **Salmo 148:1-3**

La adoración de aquellos que están en la Nueva Jerusalén se lleva acabo en los cielos. Son los entendidos, los que brillan con el resplandor de la luz de Cristo, los que son llamados lucientes estrellas.

Hay estrellas que se apagan, que son arrojadas fuera, pero hay estrellas que son lucientes. Esta no es la luz natural de un astro en el firmamento. Sino la Luz que venía a este mundo, la Luz que es la vida de los hombres, la Luz de dónde procede el entendimiento de lo celestial, la Luz del día primero que le dio al hombre el gobierno y el dominio de todo lo creado.

Dios quiere establecer su verdadero Raquia por medio de los hijos de Luz. Quiere hacer brillar el Sol de justicia que reine sobre la tierra y alumbre a todo hombre por medio de los hijos de luz.

Capítulo 9

EL REPOSO, LA LLAVE DE ACCESO A LAS DIMENSIONES DEL CIELO

Ya que la perfección de la totalidad (Pleroma) queda dentro del Padre, es requisito que todos asciendan a él. Cuando alguien conoce, recibe las cosas que son suyas y las recoge. Pues el ignorante tiene una falta–y lo que falta es grandioso, porque lo que falta es Aquél que le haga perfecto.

| Valentín 11 apócrifo

Esta totalidad, es (el Pleroma), la plenitud de la cual habla Juan:

Por qué de su plenitud tomamos todos, y gracia sobre gracia.Pues la ley por medio de Moisés fue dada, pero la gracia y la verdad vinieron por medio de Jesucristo.

A Dios nadie le vio jamás; el unigénito Hijo, que está en el seno del Padre él le ha dado a conocer.

| **Juan 1:16 - 18**

El conocimiento del Padre se encuentra en el reposo. Es en ese estado del alma y del espíritu que el Padre hace visibles y accesibles todas las cosas de su reino. Es en esa quietud donde somos impartidos de Su naturaleza, donde nos encontramos con Él a cara descubierta y volvemos a Él.

Yeshúa dice: a menos que ayunéis del sistema[49], no encontraréis la soberanía de Dios; a menos que mantengáis la semana entera como sábado, no veréis al Padre.

| **Tomás 27 apócrifo**

El Raquia Reflejado En La Tierra

[49] A menos que os abstengáis de ser nutridos por el sistema.

Hice esta ilustración para que puedan ver el impacto de un alma en reposo.

Notemos que cuando las aguas, que representan el alma, están en completa quietud, el Raquia se refleja en la tierra. Es por eso que es muy importante entrar en el reposo de Dios, lo cual es trascendental para el Señor, ya que Él creó nuestro ser celestial para que reflejase Su naturaleza en la tierra.

Cuando nuestras aguas están movidas y en turbulencia, no pueden reflejar el cielo. Por eso es muy importante que entendamos que la voz que proviene de la Luz, trae paz, gozo y reposo.

El reino de Dios jamás va a estar hablando cosas que nos atemoricen. Cuando Dios dio una profecía para corregir a Israel en el Antiguo Testamento juntamente con ésta, les dio la solución.

Pero hoy las aguas del mundo están en suma turbulencia porque las profecías que salen de muchos son voces de temor y de angustia. Dios necesita seres de Luz que podamos reflejar la paz sobrenatural de Cristo en este mundo.

Esto es poderosísimo, si usted llega a entender lo que estoy tratando de comunicarle. Simplemente por entrar en el reposo de Dios, nos volvemos puertas de acceso para que todo lo celestial se manifieste en la tierra.

Somos puertas para que lo celestial se manifieste en la tierra.

Es en el Raquia dónde se encuentran todos los ejércitos del Dios todopoderoso. Cuando aquietamos nuestra alma y entramos en ese estado de paz y de quietud, nuestras aguas reflejan lo que está sucediendo en el Raquia. Ponemos en actividad todos los diseños y las acciones que Dios está soltando sobre la tierra. Aún viendo los juicios que Dios pueda traer a la tierra los vemos desde una posición de paz, no de angustia.

No es un activismo lo que desata el cielo sobre la tierra, sino la condición y el estado de nuestras almas y nuestros espíritus en absoluta quietud, para que Dios se manifieste.

Anteriormente vimos como Satanás tras la caída del hombre, creó un falso Raquia, una ilusión mentirosa que fuera equivalente a la realidad celestial, y puso ahí sus ángeles caídos.

El va entonces a instigar a los hombres a adorar a estos demonios en la forma del sol, de la luna y de las estrellas y va a imitar la forma en que actúa el cielo sobre la tierra.

Para lograrlo crea un espejismo mágico al cual los hombres tienen acceso por medio de meditaciones y trances demoníacos.

Las fuerzas de las tinieblas van a entrenar a sus propios sacerdotes, a gente sensible a lo espiritual para entrar en las dimensiones de este falso Raquia y soltar sobre ellos su poder.

Saben perfectamente que el alma es usada para las pasiones terrenales pero que tiene también la facultad de imitar al espíritu humano. Por esta causa vemos a brujos, hechiceros, gente proveniente de culturas espiritualistas y orientales, que practican la meditación trascendental. Esta práctica consiste en entrar en un silencio metafísico que los pueda conectar con lo que ellos llaman el universo. Éste no es otra cosa sino el falso Raquia creado para imitar el poder de Dios y Su reposo.

La nueva era y las ciencias mágicas activan continuamente este falso Raquia, trayendo de esta manera el poder de las tinieblas sobre la tierra.

Si bien el diablo y su reino están vencidos para siempre jamás, sus obras siguen teniendo un efecto sobre todo aquel que permanece bajo el sistema de este mundo.

Dios necesita que nos convirtamos verdaderamente en los hijos del Día, y tengamos entendimiento de cómo operar en las dimensiones del la Luz, para deshacer todas las obras del diablo.

Entonces cuando Jesús nos habla, diciéndonos, vosotros sois la luz del mundo. Jesús nos veía con los ojos de Dios desde antes de la fundación del mundo donde éramos las luces que habían manado del Padre, como los hijos de Dios en luz.

1 | El Reposo Y La Alegría

> La luz de los ojos alegra el corazón.
> **| Proverbios 15:30**

Vimos anteriormente que la palabra luz en este proverbio es la misma que luminaria, esto es *"Maor"*. Entonces como vemos en la ilustración al principio de este capítulo, es que nuestra luminaria celestial está directamente conectada a nuestro espíritu. Esa luz que emana de nosotros lleva alegría en sí misma que llena el corazón. Es la Luz del Reino de Dios la cual es justicia, paz y gozo en el Espíritu. Entonces cuando reflejo esa luz en la tierra estoy trayendo el reino de Dios al lugar dónde me encuentro.

¿Cuánto necesita la tierra en este momento seres de luz que estemos proyectando paz y alegría? El gozo y la alegría que viene del cielo, son una luz magnificente.

Es como el brillo que tienen un par de novios el día de su boda. Cuando usted los ve están radiando porque sus corazones tienen tanto amor y tienen tanto gozo por ese momento que todo en ellos se volvió luz.

La verdadera alegría, el verdadero gozo, proviene de estar en ese lugar de reposo en Dios donde estamos recibiendo todas sus bendiciones, donde estamos viendo todas las cosas gloriosas que él tiene para nosotros.

> La luz de los justos se alegrará, más se apagará la lámpara de los impíos.
> **| Proverbios 13:9**

La luz tiene la capacidad de alegrarse a sí misma y de llenar nuestros corazones de gozo, pero esto tiene que ver con aquellos que son libres de amargura y de rencor.

Los que han vencido la tristeza que es para muerte, y el pecado, que es oscuridad. Los que han llevado a la cruz la carne y sus concupiscencias. Los que se niegan el derecho de ofenderse y de enojarse.

2 | Los Caminos De La Alegría

Una mañana oí la voz de Dios en las aguas del mar. Salían palabras del movimiento de las olas como un lenguaje que se hacía claro en mi entendimiento. Me dijo:

Suaves y Misericordiosos son los caminos de los que me buscan y yo los lleno de mi gozo. Luego el mar golpeó fuertemente y añadió: *pero tengo que enviar mis ondas para romper las rocas en los corazones de los que me resisten.*

Entonces me habló del agua y de la luz. *Yo uso el agua para romper las rocas del alma. El agua erosiona y rompe la piedra, pero la luz está destinada a los de corazón transparente. Cuando la luz se topa con una roca no la atraviesa y ésta le impide llegar al espíritu. La luz sólo penetra el alma transparente. Los limpios de corazón son los que me ven.*

3 | La Verdadrea Alegría

Uno de los personajes de la historia qué es una inspiración para mí es Francisco de Asís. Algún día Dios me permita escribir sobre sus escritos originales, despojados de la corrupción de la que fueron envueltos posteriormente. La extraordinaria comunión que tuvo con Cristo, le devolvió a Europa el conocimiento de Jesús, el cual se había perdido por completo en el siglo XIII.

Vivió en un tiempo en que lo único que había en la Europa occidental era la Iglesia Católica. No había biblias, ni maestros, ni pastores que le ayudaran. Fue él y Dios en contra de una de las generaciones más oscuras que ha vivido en la tierra. Su sustento fue una copia de los evangelios que había sido traducida al italiano. Ésta llegó a sus manos por un compañero de prisiones durante la guerra de Asís.

Francesco, cómo era su sobrenombre, (de hecho se llamaba Juan), inspirado en el pasaje del joven rico decidió despojarse de todos los bienes de este mundo para seguir el evangelio al pie de la letra. Sufrió de una forma indecible y como es obvio de una sociedad perversa fue perseguido, calumniado y muchas veces golpeado por los malvados.

Una de las cosas más impactantes de su vida era que sin tener absolutamente nada de este mundo era el hombre más alegre que pudo haber visto su tiempo. El gozo del Señor lo acompañaba continuamente supliendo todas sus necesidades. Él entendió que lo tenía todo.

Quiero compartirles un extracto de cómo el concebía la alegría.

"Cómo San Francisco enseñó al hermano León en qué consiste la alegría perfecta

Iba una vez Francisco con el hermano León de Perugia a Santa María de los Ángeles en tiempo de invierno. Sintiéndose atormentado por la intensidad del frío, llamó al hermano León, que caminaba un poco delante, y le habló así:

Si, cuando lleguemos a Santa María de los Ángeles, mojados como estamos por la lluvia y pasmados de frío, cubiertos de lodo y desfallecidos de hambre, llamamos a la puerta del lugar y llega malhumorado el portero y grita: "¿Quiénes sois vosotros?" Y nosotros le decimos: "Somos dos de vuestros hermanos". Y él dice: "¡Mentira! Sois dos bribones que vais engañando al mundo y robando las limosnas de los pobres. ¡Fuera de aquí!" y no nos abre y nos tiene allí fuera aguantando la nieve y la lluvia, el frío y el hambre hasta la noche. Si sabemos soportar con paciencia, sin alterarnos y sin murmurar contra él, todas esas injurias, esa crueldad y ese rechazo, y si, más bien, pensamos, con humildad y caridad, que el portero nos conoce bien y que es Dios quien le permite hablar así contra nosotros, escribe ¡oh, hermano León! que aquí hay alegría perfecta.

Y si nosotros seguimos llamando, y él sale fuera, furioso y nos echa entre insultos y golpes, como a indeseables importunos, diciendo: "¡Fuera de aquí, ladronzuelos miserables; id al hospital, porque aquí no hay comida, ni hospedaje para vosotros". Si lo sobrellevamos con paciencia y alegría y en buena caridad, ¡oh, hermano León!, escribe que aquí hay alegría perfecta.

Y si nosotros, obligados por el hambre y el frío de la noche, volvemos todavía a llamar, gritando y suplicando entre llantos por el amor de Dios, que nos abra y nos permita entrar, y él, más enfurecido dice: "¡Vaya con estos pesados indeseables! Yo les voy a dar su merecido". Y sale fuera con un palo nudoso y nos coge por el capucho, y nos tira a tierra, y nos arrastra por la nieve, y nos apalea con todos los nudos de aquel palo; si todo esto lo soportamos con paciencia y con gozo, acordándonos de los padecimientos de Cristo bendito, que nosotros hemos de sobrellevar por su amor, ¡oh, hermano León!, escribe que aquí hay alegría perfecta.

> Y ahora escucha la conclusión, hermano León: por encima de todas las gracias y de todos los dones del Espíritu Santo que Cristo concede a sus amigos, está el de vencerse a sí mismo y de sobrellevar gustosamente, por amor de Cristo Jesús, penas, injurias, oprobios e incomodidades. Porque en todos los demás dones de Dios no podemos gloriarnos, ya que no son nuestros, sino de Dios; por eso dice el Apóstol: ¿Qué tienes que no hayas recibido de Dios? Y si lo has recibido de El, ¿Por qué te glorías como si lo tuvieras de ti mismo? Pero en la cruz de la tribulación y de la aflicción podemos gloriarnos, ya que esto es nuestro; por lo cual dice el Apóstol: No me quiero gloriar sino en la cruz de Cristo. A él sea siempre loor y gloria por los siglos de los siglos. Amén."

Leer este nivel de cruz necesariamente sacude todo el pensamiento del Evangelio moderno lleno de concesiones, de comodidades, de auto-conmiseración, de temores de gente afanada por las cosas de este mundo.

Valentín, escribe algo muy hermoso al respecto y que varios hemos tenido la dicha de experimentar. Y es tan real, que cualquier dolor moral o físico se disipa.

> ¡Qué bueno para la persona que vuelve en sí misma y despierta, y bendita sea quien cuyos ojos ciegos han sido abiertos! Y el Ruaj[50] corrió tras él, resucitándolo rápidamente. Extendiendo su mano a quien estaba postrado en el suelo, él[51] puso en pie a quien todavía no se había levantado.

---

[50] - Ruaj hakodesh, es Espíritu Santo en Hebreo.

[51] - La palabra hakodesh es el femenino de Kadosh. Luego el hebreo expresa la persona del Espíritu Santo en femenino

Pues el conocimiento que da entendimiento es por medio del Padre y la revelación de su Hijo. Una vez que lo han visto y oído, les concede saborear y oler y tocar al amado Hijo.

| Valentín 28 Apócrifo

4 | La Alegría Cambia Todas Las Circunstancias

Experiencia En Roma

En una ocasión nos encontrábamos en una misión espiritual en que teníamos que ir a Irak.

Nuestra misión era liberar esa nación de la opresión de Sadam Hussein y abrir las puertas de ese país para que pudiese entrar el evangelio.

Finalmente triunfamos como lo demuestra la historia, y el evangelio pudo entrar por medio de las tropas estadounidenses.

El equipo consistía tan sólo de cinco mujeres, y nos encontrábamos en Roma listas para tomar el avión hacia Jordania, ya que el aeropuerto de Bagdad estaba cerrado por causa del embargo[52].

Una de las intercesoras, Oriana, era colombiana, y al llegar al mostrador para checar nuestros boletos, el hombre que atendía nos dijo de forma muy grosera, que ella no podía viajar, arguyendo que no se encontraba su nombre en el sistema.

Inmediatamente le debatí diciendo que éramos un grupo y que los cinco boletos habían sido comprados juntos.

---

[52] - Irak quedó bajo embargo, cuando perdió la guerra del golfo Pérsico, en contra de los Estados Unidos en 1990

Se enfadó aún más e insistió en que ella no estaba en el sistema.

En ese momento se abrieron mis ojos espirituales y vi una gran cantidad de demonios que estaban alrededor de la computadora de aquel hombre. Entonces oí la voz del Espíritu que claramente me decía: ¡Regocijaos!, ¡Canten y dancen!

Y sin pensar en el ridículo que pudiera parecer, nos pusimos a danzar a cantar y a reír en el aeropuerto. Poco a poco se paralizaron todos los demonios. La Luz del regocijo empezó a manifestarse en nosotros. Al Instante, se activaron todos los ángeles mientras los agentes de las tinieblas quedaron paralizados.

Su Luz gloriosa emanaba de nosotros, invisible al ojo natural pero muy visible en el espiritual. Entonces el hombre gritó diciendo: "oh! apareció el nombre de Oriana en el sistema."

Fue una de las lecciones más maravillosas que pudimos haber entendido antes de entrar a Irak. Porque entrar cinco mujeres solas en ese país en el tiempo de Sadam Hussein nos pudo haber puesto en gran angustia. Pero Dios nos dio la lección de nuestra vida para triunfar en esa guerra con la Luz de su regocijo.

CONCLUSIÓN

Nuestros ojos son la lámpara de nuestras almas. Nuestra forma de ver y de pensar, y de cómo entendemos a Dios, es lo que van a determinar el nivel de luz que sale de ellos.

Cuando nuestros ojos están verdaderamente establecidos en Dios todo lo que vemos va a ser en una forma redentiva. Cuando Dios mira al mundo caído, lo mira cubierto con la sangre de su Hijo, la cuál de día y de noche está hablando la misericordia que vence sobre el juicio.

Así hablad, y así haced, como los que habéis de ser juzgados por la ley de la libertad.

> Porque juicio sin misericordia se hará con aquel que no hiciere misericordia; y la misericordia triunfa sobre el juicio.
> | **Santiago 2:12-13**

¿Al imaginarnos el corazón de Dios, será posible que cuando él mira a 5 billones de personas que no son salvas, en este momento de la historia, esté buscando acabar con el mundo, para destruirlos y que se vayan al infierno?

Este pensamiento, el cual sustentan la gran mayoría de profecías fatalistas que se oyen hoy en día, es terriblemente tenebroso. Es por eso por lo que necesitamos entrar en un entendimiento de lo que es la verdadera Luz y el amor de Dios.

La luz de los justos se alegrará. Y mientras escribo mi espíritu está viendo olas de luz que salen del corazón de Dios sobre la gente. Hay una unción de alegría y de gozo que está viniendo sobre todos aquellos que abran sus corazones para vivir por la Luz. Esto será su fortaleza en los tiempos que vienen sobre la tierra, los cuales no son para destrucción sino para enderezar el camino de muchos.

La muerte es sólo para los que escogen vivir por la muerte. Pero aún justos serán llevados al cielo, por qué Dios necesita que operen desde ahí.

Dios te está llamando a Su Luz, entra en ella. Dios te necesita en estos momentos como un hijo de Luz para transformar la tierra y para ser esperanza y provisión en las tribulaciones que están por venir.

Si quieres ser un siervo de Dios en estos tiempos, sé un siervo de la Luz y de la paz que sobrepasa todo entendimiento. Produce la justicia, el gozo y la rectitud en la gente.

> Por qué no hay nada oculto, que no haya de ser manifestado; ni escondido, que no haya de ser conocido y de salir a la luz.
>
> **| Lucas 8:17**

Algunos pensarán a leer este pasaje que se refiere a Dios exponiendo nuestras faltas o nuestros pecados. Pero pensar de esta manera sólo demuestra cómo ven nuestros ojos para leer la escritura.

De lo qué está hablando aquí Jesús es de esa luz que está escondida dentro de nosotros, eso es lo que está oculto, lo que somos conforme a nuestro ser celestial desde antes de la fundación del mundo. Ese ser maravilloso que eres lleno de luz con tu estrella radiando por encima de ti y manifestando el reino de Dios sobre la tierra. Tal vez nunca te has visto así, pero se va a manifestar de esta manera porque así lo profetizó Jesucristo.

Tal como la figura que hice en la ilustración en el capítulo anterior, así te vas a manifestar sobre la tierra, así es como el mundo va a empezar a verte.

> Por tanto, así dijo Jehová: Si te convirtieres, yo te restauraré, y delante de mí estarás; *y si entresacares lo precioso de lo vil, serás como mi boca.*
>
> Conviértanse ellos a ti, y tú no te conviertas a ellos. Y te pondré en este pueblo por muro fortificado de bronce, y pelearán contra ti, pero no te vencerán; porque yo estoy contigo para guardarte y para defenderte, dice Jehová.
>
> Y te libraré de la mano de los malos, y te redimiré de la mano de los fuertes.
>
> **| Jeremías 15:19-21**

Por qué todo lo que está escondido, todo lo que está oculto dentro de ti, esa vida gloriosa que es Cristo en ti, se va a manifestar.

Ahora, ¿Que necesitamos para que se manifieste en nuestra vida?

¡Para que algo se manifieste en la tierra, alguien tiene que creerlo!

Entonces si entro en el reposo de Dios, si aquieto mi alma y empiezo a creer que todo lo que soy en mi yo eterno, se va a manifestar, eso es exactamente lo que va a suceder.

Ahora, Jesús continuó diciendo algo muy importante después de anunciar cómo la luz manifestaría todas las cosas.

> Mira, pues, como oís; porque a todo el que tiene, se le dará y a todo el que no tiene, aún lo que piensa tener se le quitará.
> **| Lucas 8:18**

¡MIRAD PUES COMO OÍS! Si Dios te está hablando que entres en su reposo, que lo conozcas en Su Luz, que te conectes con tu ser celestial, ¡mira pues como oyes!

Pensad atentamente en el cielo, hijos del cielo, y en toda la obra del Altísimo[53].

Ahora no tengo una transcripción directa del hebreo en este pasaje de Enoc, pero cuándo se refiere al cielo y a toda la obra del altísimo, muy posiblemente se esté refiriendo a la Raquia, ya que ahí fue donde él creó todos los ejércitos del cielo.

[53] - Enoc 100:1

Entonces lo puedo traducir de esta manera: pensar atentamente en el Trono de Dios y en la Raquia y en toda la obra del altísimo que procede de ahí.

El enfoque de Jesús es el cielo, y por eso su Luz podía salvar al mundo.

Su mente jamás fue envuelta en el torrente de persecuciones y de maldad que se dijeron en contra de él. Y seguramente muchas veces se encontraba desanimado de ver a la gente en tanta tiniebla. Llegó a decirles, *¡Oh generación incrédula y perversa! ¿Hasta cuándo estaré con vosotros? ¿Hasta cuándo os tendré que soportar?*[54] Pero no se arraigó a ese pensamiento, inmediatamente se elevó al lugar de donde el era, de arriba.

Y este es el lugar desde donde el Padre está llamando a los hijos del reino para que se establezcan y puedan llamar desde ahí a una generación perdida.

La Luz de Cristo está brillando para manifestarlo todo. Oro para que cuando se manifieste sobre ti, lo único que encuentre, sea su propia Luz.

FIN

[54] - Mateo 17:17

APÉNDICE 1

HISTORIA DE LOS CÁNONES

La palabra canon es un término que implica una vara derecha o caña- en sucesivas aplicaciones tuvo el sentido de "instrumento para medir". Bíblicamente es usado para determinar los libros que deben comprender las sagradas escrituras.

Existen de hecho varios cánones. Nosotros manejamos en nuestras biblias el que fue determinado por la Iglesia Católica en el siglo IV. Luego Martín Lutero eliminó de éste los apócrifos, también llamados Deuterocanónicos.

Los cánones del Nuevo Testamento de la iglesia occidental Católica, protestante, ortodoxa, copta, armenia, Etíope y siria/nestoriana difieren significativamente entre sí—y esos listados incluso fueron discutidos por las diversas ramas del cristianismo hasta muchos siglos después de Cristo.

Durante los primeros siglos la idea de conjuntar los libros y las cartas apostólicas giraba en torno a opiniones diversas de destacados líderes ubicados en diferentes zonas geográficas. La iglesia se multiplicaba orgánicamente sin tener una forma y una organización a la cual todo se sometían. Las comunicaciones no eran como lo son ahora y mientras el evangelio se expandía en Europa, África y Asia, las iglesias adoptaron diferentes formas. No todas dependieron de Roma. La Iglesia Copta en Egipto, la etíope y la siria fueron independientes y muy relevantes.

Por consecuencia las opiniones eran muy variadas en cuanto a los textos generalmente aceptados hoy en día. Circulaban en aquel entonces otros manuscritos como la del Pastor de Hermas, el Evangelio de los Egipcios, el Evangelio de Tecla, el de Pedro, las Tradiciones de Matías, el Apocalipsis de Pedro, la Didascalia y los Hechos de Pablo y otros.

Así, el Códice Sinaítico, de mediados del siglo IV, incluye tanto a Bernabé[55] como al Pastor de Hermas[56], mientras que el Códice Alejandrino, de principios del siglo V, contiene I y II Clemente además de los Salmos de Salomón.

En el Libro "Cristianismos Perdidos" del Dr. Bart Ehrman[57] quién recibió el premio de Magna Cum laude en el seminario teológico de Princeton, por sus investigaciones en el cristianismo primitivo, escribe:

---

[55] - Esta Epístola es definitivamente herética, y no la aprobamos.

[56] - Este es un texto que muestra principios católicos, que no están de acuerdo a la Biblia, ni al pensamiento Cristiano Evangélico.

[57] - Dr Bart Ehrman se graduó en el colegio de Wheaton en Illinois. En el seminario teológico de Princeton fue donde recibió su maestría de divinidad y su doctorado.

"Para el Nuevo Testamento, el proceso de reconocimiento y colección comenzó en los primeros siglos de la iglesia cristiana. Desde sus inicios, algunos libros del Nuevo Testamento si fueron reconocidos. Pablo consideró que los escritos de Lucas tenían tanta autoridad como el Antiguo Testamento. (1 Timoteo 5:18; ver también Deuteronomio 25:4 y Lucas 10:7). Pedro reconoció los escritos de Pablo como parte de las Escrituras (2 Pedro 3:15-16). Algunos libros del Nuevo Testamento estuvieron circulando entre las iglesias (Colosenses 4:16; 1 Tesalonicenses 5:27). Clemente de Roma mencionó por lo menos ocho libros del Nuevo Testamento (95 d.C.). Ignacio de Antioquia reconoció cerca de siete libros (115 d.C.). Policarpo, un discípulo del apóstol Juan, reconoció 15 libros (108 d.C.). Más tarde, Ireneo mencionó 21 libros (185 d.C.). Hipólito reconoció 22 libros (170-235 d.C.). Los libros más controvertidos del Nuevo Testamento fueron Hebreos, Santiago, 2 Pedro, 2 Juan y 3 Juan.

El primer "canon" fue el Canon Muratori, que fue compilado en el año 170 d.C. El Canon Muratori incluyó todos los libros del Nuevo Testamento, excepto Hebreos, Santiago y 3 Juan.

Algunos eruditos piensan que Irineo Obispo de Lyon a finales del siglo II, se basó en la lista del código Muratori, para establecer los 4 evangélios en las Iglesias afiliadas a Roma.

Sin embargo, no hubo ningún concilio sobre el canon del Nuevo Testamento sino hasta el Sínodo de Laodicea (363 d.C.), el cual de hecho rechazó el Apocalipsis de Juan.

Cuatro años después en el 367 D.C. Atanasio obispo de Alejandría presentó una lista de 27 libros como aquellos que tenían la autoridad para ser parte del Canon. Esta carta denominada 39 no resolvió el asunto de manera definitiva. Eventualmente su punto de vista terminó siendo el dominante y 26 libros de su lista fueron aceptados. El apocalipsis de Juan no se estableció de forma definitiva sino hasta el concilio de Trento en 1546 d. C.

Aunque los concilios episcopales prudentemente nunca han pretendido ser infalibles; el voto en Trento fue de 24 contra 15, con 16 abstenciones, esta lista entonces fue aceptada por las varias ramificaciones protestantes.

Las diversas iglesias orientales tienen historias igualmente complicadas para establecer sus cánones respectivos del Nuevo Testamento: Así, el canon armenio incluye una III Corintios paulino; el Nuevo Testamento copto contiene I y II Clemente; el Peshita nestoriano excluye II y III Juan, Judas y el Apocalipsis; y la Biblia Etíope añade unos libros llamados los Sínodos, la Epístola de Pedro a Clemente, el Libro de la Alianza, y la Didascalia.

Lo que sucediera durante los primeros tres siglos y medio A.D., antes de los intentos eclesiásticos más tempranos para establecer un canon, es notoriamente oscuro, pues los mesiánicos del evangelio original fueron finalmente suplantados por los "cristianos" los cuales se debatían en un continuo cisma entre las tradiciones Petrinas y las Paulinas.

Justino Martir, considerado uno de los primeros apologistas cristianos, ignora por completo las epístolas paulinas.

Clemente de Alejandría e Ireneo de Lyon, a fines del siglo II, son los primeros autores que citan explícitamente tanto a los evangelios como a Pablo.

Para ese entonces los padres de la Iglesia dejaron de ser guiados por el Espíritu y empezaron a depender de su propio entendimiento. Surgieron también los Papas cuyas decisiones teológicas eran infalibles.

Juan refleja en su evangelio y epístolas un debate expuesto a los primeros cristianos sobre quién es Jesús, e insiste en que Jesús es al tiempo hombre y divino, algo que no se encuentra en los otros evangelios. Tomás comparte el punto de vista de Juan, al Igual que sus seguidores que creían que «la luz divina encarnada por Jesús es compartida por aquellos que creen, ya que todos estamos hechos "a imagen de Dios".

Los seguidores de Tomás veían en él a su autoridad apostólica, al igual que otros cristianos la veían en Pedro, en Pablo, en Juan, o a Santiago, el hermano de Jesús.

En sus principios la iglesia fue mucho más Petrina que Paulina, y el evangelio según Pedro circulaba mucho más que las cartas de Pablo, hasta que al final fue eliminado.

El Dr. Ehrman continúa su estudio diciendo:

> "Antes de su descubrimiento, prácticamente todo lo que sabíamos sobre el Evangelio de Pedro provenía de la descripción que nos ofrecía Eusebio. En los diez volúmenes de su Historia eclesiástica, Eusebio cuenta la historia de la Iglesia cristiana desde la época de Jesús hasta sus propios días, a comienzos del siglo IV. Esta obra es la mejor fuente de la que disponemos para conocer la historia del cristianismo desde el período que sigue a los hechos narrados en el Nuevo Testamento hasta Constantino, el primer emperador romano en convertirse al cristianismo. La obra está repleta de anécdotas y, lo que resulta de gran utilidad para los historiadores, largas citas de los primeros escritos cristianos. En muchos casos, esas citas son nuestra

única fuente de información sobre algunos de los textos cristianos de los primeros siglos[58]."

Lo que tenemos que entender es que **la Iglesia primitiva no tenía un tratado teológico inmutable al cual estaban sujetas todas las iglesias.**

Todavía en el siglo primero antes de la destrucción de Jerusalén en el año 70, circulaba un documento llamado Didaché, o Didascalia[59], una carta sencilla que contenía las instrucciones apostólicas básicas que la Iglesia debía seguir[60].

En muchos de los puntos doctrinales de la Discalia, se enfocan las costumbres de aquella época, y cómo los cristianos deberían seguir las instrucciones de Cristo en medio de estas.

Había diferentes tipos de Iglesias en las que se manifestaban de forma diversa la multiforme sabiduría de Dios. Esto dio a luz diferentes formas de un cristianismo verdadero, siempre basadas en las enseñanzas de Cristo y en la doctrina de los apóstoles. Unos tenían el Espírtu Santo, y otras no, como es claro en el libro de los hechos.

Bart D. Ehrman añade:

> "La Iglesia primitiva no estaba constituida por una sola ortodoxia de la que luego se apartaron diversas minorías heréticas"..."por el contrario"..."el cristianismo asumía en la antigüedad una significativa variedad de formas, ninguna de las

---

[58] - Cristianismos Perdidos Dr.Bart Erhman

[59] - http://solutionsagp.es/resources/Didache.pdf Si desea lo puede descargar en este sitio.

[60] - (Se aprecian en este algunos de los mandamientos directamente relacionados a las costumbres judaicas con relación al hospedaje de viajeros y a la ofrenda que debía de ofrecerse por las faltas cometidas. El Perdón de los pecados, es diferente a las faltas, los cuales son sólo lavados por la sangre de Cristo)

cuales representaba con claridad a una importante mayoría de creyentes en detrimento de las demás[61]."

Como lo expresa el doctor Bart Ehrman, no existía un cristianismo sino varios cristianismos. Entre ellos los grupos más importantes eran los cristianos judíos ebionitas, los marcionistas antijudíos, algunos cristianos gnósticos y los proto-ortodoxos.

Este tipo de divisiones también las vemos dentro del mismo judaísmo. En el tiempo de Jesús este estaba dividido en tres grandes grupos, los Saduceos, los Fariseos y los Esenios.

Recordemos que no había Biblias, los Evangelios se escribieron a fines del siglo primero y no había imprenta ni internet para reproducirlos. La gran mayoría de creyentes no tenían acceso a los rollos antiguo-testamentarios y menos si eran gentiles. Es por eso qué Juan anima a la Iglesia escribiéndole: *vosotros tenéis la unción del Santo Y conocéis todas las cosas.* (1 Juan 2:20)

Los seguidores de Juan fueron enseñados a depender completamente del Espíritu Santo. Lo más importante entre ellos era el amor a Dios, el amor al prójimo, la oración, el permanecer unánimes, y la participación de la Santa cena.

Pero los demás grupos buscaban, aferrarse a la letra, como fue el caso de los Gálatas. Unos eran pro-judíos y otros anti-judíos.

En el Siglo II, Ireneo, obispo de Lyon en la Galia romana[62], se convirtió en el principal arquitecto de lo que llamamos "el canon de los cuatro evangelios" y quién desechó

---

[61] - Bart D. Ehrman, Cristianismos perdidos, págs. 254 y 259. Ed. Crítica, 2009.
[62] - Francia

muchos escritos que hubieran podido haber sido escritos por los demás apóstoles de Cristo.

Para Irineo toda experiencia espiritual que condujera al conocimiento intuitivo del Padre celestial era considerado herético. Según el, los Evangelios deberían discernirse racional y prácticamente, y no espiritualmente. Esta corriente de pensamiento la vemos hasta el día de hoy tanto en la Iglesia Católica así como en muchas iglesias evangélicas tradicionales.

La creciente influencia del Gnosticismo herético amenazaba a la naciente Iglesia la cual carente de un documento formal, esto es, una Biblia, podía fácilmente extraviarse. En Su gran lucha en contra de los herejes gnósticos, Irineo desechó por completo el bautismo del Espíritu Santo y la genuina experiencia con Dios. La Iglesia para mantenerse unida debía permanecer bajo un solo dogma inmutable que agrupara a la Iglesia bajo el obispado de Roma, como la única e infalible autoridad.

Tenemos que entender que la mayor parte de los documentos que circulaban, estaban escritos o traducidos al griego. El conocimiento de Dios *Gnoseos tou Theou o la "Gnosis" de Dios* era la parte central del mensaje de Cristo. *Esta es la vida Eterna: que te conozcan a ti el único Dios verdadero* (Juan 17:3)

Note, que al ser usado el mismo vocablo griego Gnosis, en el verdadero conocimiento de Dios, el cual es experiencial e inherente al Espíritu, era fácil que se mezclara con el amenazante Gnosticismo. Este proclamaba la Gnosis o conocimiento de Dios, sin necesidad de un salvador. El hombre podría salvarse por sí mismo dado que era de la misma sustancia de Dios. Obviamente esta es una herejía. El Gnosticismo no reconocía a Jesucristo como el único mediador entre Dios y los hombres.

Por tanto, Irineo persiguió bajo el estigma de "herejes" a todos los que profesaban conocer a Dios por el Espíritu, poniéndolos en el mismo grupo que los gnósticos. Su obra magna se llamó *"Contra Los Herejes"*. Y quemó cuanto documento encontró que tuviera que ver con la experiencia espiritual de conocer a Dios. Fue ahí que muchos documentos fueron escondidos para ser preservados y que no cayeran en manos de Irineo.

Como dije anteriormente, en el siglo IV, Atanasio obispo de Alejandría, quien compartía las ideas de Irineo, escribió una lista de los libros canónicos. Su propósito al crear esta lista era combatir la herejía y limpiar la Iglesia de libros «apócrifos» que descarriaban a los creyentes. Desgraciadamente también desechó aquellos que los iluminaban.

Atanasio de igual manera aportaba instrucciones sobre cómo leer los escritos canónicos, imponiendo muchos de los dogmas que aún siguen vigentes en la Iglesia Católica. Por encima de todo, prevenía a los creyentes para que evitaran la intuición espiritual. Atanasio lo declaró una capacidad engañosa que conduce únicamente al error, una postura que la «Iglesia Romana» refrendó entonces y que mantiene hasta el día de hoy[63].

En pocas palabras lo que tenemos hoy como el canon de la Biblia, fue la lista escogida por un solo hombre que jamás conoció al Espíritu de Dios y lo persiguió con todas sus fuerzas.

En el primer concilio de Laodicea, simplemente aceptaron la elección de los libros escogidos por Atanasio.

---

[63] La carta de Atanasio se tradujo al copto y se leyó en todos los monasterios de Egipto. Un gran número de estudiosos coincide en que los códices de Nag Hammadi encontrados en 1945 habían sido enterrados por sus propietarios como consecuencia de la proscripción de libros heréticos por parte de Atanasio. Los propietarios en cuestión eran presumiblemente monjes del Monasterio Pacomio de la antigua Chenoboskia.

No estoy diciendo con esto que la Biblia es falsa, o desconfiable, en ninguna manera, es el mayor tesoro con el que contamos. Qué bendición que no hayan desechado el Evangelio de Juan o las cartas tremendamente espirituales de Pablo.

A lo que quiero llegar, es que hay cosas que Dios quiere sacar a la luz que quedaron escondidas y que pueden ser claves para que se levante una verdadera generación de Luz.

APÉNDICE 2

LOS LIBROS APÓCRIFOS Y LOS LIBROS HISTÓRICOS

| El Libro De Enoc

Es un libro qué aparece entre los periodos del antiguo y el nuevo testamento, tres siglos a. C. Forma parte del canon de la Biblia de los patriarcados de Etiopía y Eritrea de la Iglesia Copta, pero no es reconocido como canónico por las demás Iglesias cristianas, a pesar de haber sido encontrado en algunos de los códices de la Septuaginta (Códice Vaticano y Papiros Chester Beatty). Los Beta Israel (judíos etíopes) lo incluyen en la Tanaj, a diferencia de los demás judíos actuales, que lo excluyen.

El libro de Enoc fue considerado por muchos grupos de cristianos de los primeros siglos como parte de las sagradas escrituras. Es por eso por lo que lo vemos mencionado en la epístola a los Hebreos y la de Judas. Los escritos de los llamados padres de la iglesia se encuentran repletos de referencias a este libro. Justino mártir, Irineo, orígenes y Clemente de Alejandría lo mencionan igualmente. Tertuliano (160-230) d.C. Lo llama "sagrada escritura" y la iglesia etíope lo incluyó en su canon oficial. Fue un texto muy conocido y leído durante los tres primeros siglos de nuestra era, aunque posteriormente fue desacreditado en el concilio de Laodicea 363-364 d.C.

Después de haber permanecido olvidado durante muchos siglos, en la época de la Reforma protestante surgió con gran interés.

La recuperación moderna de el libro de Enoc se debe al explorador James Bruce, quién en 1773, tras permanecer seis años en Abisinia, volvió a Inglaterra con tres ejemplares etíopes del libro. La primera traducción inglesa se publicó en 1821. Más tarde, a principios del siglo XX, se descubrieron algunos fragmentos del texto en griego y finalmente, en los rollos del Mar muerto aparecieron siete ejemplares en arameo, aunque todos ellos incompletos. Los únicos manuscritos completos están en lengua etíope y algunas porciones se han encontrado en griego y en latín.

| Gran Rollo de Melquizedec

Otro libro paralelo a los escritos sagrados en la Biblia es el gran rollo Melquizedec. Este es uno de los Rollos del

Mar Muerto encontrado en una de las cuevas de Qumrán y consiste en un conjunto de 7 rollos cosidos entre sí.

Según estudiosos de los manuscritos del Mar Muerto, el primer rollo que aparece en el compendio, lo escribió Abraham, el patriarca de Israel. En este libro se encuentra una maravillosa narración del Génesis y la historia de cómo fue formado el universo antes que el mundo fuese.

| Evangelio de Tomás

"En cuanto a la fecha de composición del texto original, en ocasiones llamado, "Quinto Evangelio", no existe consenso entre los estudiosos. Algunos datan el texto tan pronto como la primera mitad del siglo I, es decir, anterior incluso a la composición de los primeros evangelios canónicos; otros lo fechan a mediados del siglo II y también hay los que consideran que el Evangelio según Tomás es resultado de un largo proceso formativo, en el que a un "núcleo original" se habrían ido incorporando nuevos añadidos o elaboraciones, hasta concluirse el aspecto final de la obra a mediados del siglo II.

El descubrimiento de los Códices de Nag Hammadi, permitió identificar el evangelio de Tomás como los "Dichos de Jesús". Estos se encontraban en papiros en griego que habían sido descubiertos en forma fragmentada entre 1897 y 1903 cerca de Oxirrinco, en el Bajo Egipto, a 160 kms. al suroeste de El Cairo y que fueron datados en torno al 150 d.C

Entre las singularidades del "Evangelio según Tomás" se halla la constatación de que, aun presentando numerosas similitudes con los Evangelios del Nuevo Testamento, "posee fuentes propias", es decir textos que no se encuentran en los Evangelios Sinópticos (Marcos,

Mateo y Lucas) ni en el Evangelio según san Juan. Por ello es que una buena parte de los estudiosos contempla la posibilidad de que esta colección de Dichos se realizara, en un principio en griego y datara después de la primera mitad del siglo I.

| Naturaleza del Evangelio según Tomás

Se ha dicho que el "Evangelio según Tomás" es un "Evangelio de Sabiduría".

Con todo, el propio texto lo menciona a sí mismo en su comienzo:

«Estas son las palabras secretas que Jesús el Viviente dijo y que escribió Dídimo Judas Tomás»

El término copto que acompaña a la expresión "las palabras" es ⲉⲑⲏⲡ , traducido al español como "secretas", si bien puede, y es traducido también, por "ocultas", lo que recuerda lo expresado por el Apóstol Pablo de Tarso en su Primera Epístola a los Corintios:

> Empero hablamos sabiduría de Dios entre perfectos; y sabiduría, no de este siglo, ni de los príncipes de este siglo, que se deshacen: Mas hablamos sabiduría de Dios en misterio, la sabiduría oculta,
>
> **| 1 Corintios 2: 6-7**

Por lo que podríamos decir que, en verdad, el "Evangelio según Tomás" es un "Evangelio de la Sabiduría Escondida", y está oculta, pues los más, como expresa el verso 28, «no ven» «pues están ciegos en su corazón».

Aspira pues, este Evangelio del Cristianismo Primitivo, a impulsar a que sus lectores alcancen "a hacerse de ojos para ver y oídos para oír", pues en este Evangelio la búsqueda del Reino de Dios que presenta Jesús, comienza con el propio Ser:

«Cuando lleguéis a conoceros a vosotros mismos, entonces seréis conocidos y os daréis cuenta que sois los hijos del Padre Viviente. Si no os conocéis a vosotros mismos, entonces existís en la pobreza y sois pobreza »[64]
| Tomás 3 Apócrifo

| El Evangelio De La Verdad- Valentin

No hay que confundirlo con San Valentín, el santo de los enamorados o con Valentino.

Valentín, de origen egipcio y educado en Alejandría viajó a Roma en el año 135 A.D. junto con otros renombrados padres de la iglesia tales como Hermas, Marcion y Justino, para presentar sus escritos. En poco tiempo obtuvo muchísimos seguidores por su notable conocimiento de Cristo y del Padre, y su fama se extendió más allá de Roma.

Según Tertuliano[65], Valentín fue considerado un líder prominente para tomar la posición de obispo de Roma, pero su opositor, Irineo, lo desacreditó por completo.

Irineo, quien tenía una estructura completamente ortodoxa se opuso radicalmente a la experiencia del Espíritu.

Esto ocasionó que Irineo iniciara una terrible persecución y desacreditación de Valentín y sus seguidores mezclando sus enseñanzas con las de los gnósticos griegos en un libro llamado "Contra los herejes".

Valentín apelaba al conocimiento del Padre por medio de

---

[64] https://www.espiritualidadpamplona-irunea.org/wp-content/uploads/2020/06/-Evangelio-según-Tomás--Ediciones-Epopteia-.pdf
[65] - Uno de los destacados padres de la Iglesia en el norte de África en el siglo II

Jesucristo y del Espíritu. En el "Evangelio de la Verdad" claramente él escribe acerca de Jesucristo venido en carne, para salvar a la humanidad. Esta declaración de fe es completamente inexistente en el Gnosticismo, la cual pretende llegar al conocimiento de Dios, por medio de la mente. Según esta rama filosófica, el mundo de las ideas viene a los hombres por medio de un demiurgo que los ilumina.

El triunfo de Irineo tuvo como consecuencia erradicar la experiencia espiritual, por medio del Espíritu Santo y rechazó completamente la idea que Cristo pudiese vivir dentro del creyente. Aferrado a este pensamiento hizo una gran cruzada quemando muchísimos escritos de gran valor en el siglo II.

Para estudiar a Valentín, se requiere un sólido fundamento en la palabra de Dios. Los grandes hombres de Dios que quisieron establecer su Luz, y su Reino siempre fueron controversiales. Una gran mayoría fueron quemados, martirizados y desde luego difamamos.

Cuando yo leí a Valentín, en el "Evangelio de la verdad", lo encontré de gran bendición. Pero antes de atreverme a escribir nada sobre él, hice una profunda investigación, de su persona y muchos de los escritos primitivos.

Desgraciadamente para los que quieran investigar, lo que se puede encontrar en internet en español, está muy contaminado. Los estudios más fidedignos, se encuentran en la Universidad de Princeton, así como en la Universidad de California. Esto se encuentran traducidos también al español[66].

---

[66] - Los evangelios gnósticos, por Elaine Pagels. Éste libro fue distinguido en Estados Unidos con el premio del National book critics circle, y con el National book award. Desde entonces se ha convertido en obra de referencia indiscutible sobre los evangelios gnósticos. En él la profesora pajes revela las numerosas discrepancias que separaban a los cristianos primitivos en torno a los hechos mismos de la vida de Cristo, al sentido de sus enseñanzas o la forma que debía adoptar su iglesia. Describe como en las enseñanzas gnósticos se niega la resurrección de Cristo y la autoridad sacerdotal. También describe como las doctrinas ortodoxos finalmente se impusieron.

Al tomar algunos de los versículos de Valentín para la obra de este libro, lo hago no para imponer nada, sino que cada uno pueda tomarlo o dejarlo. A mi me pareció de gran iluminación y completamente análogo a la Biblia.

| Los Libros Perdidos No Mencionados En La Biblia

| El libro De Jaser

> Y el sol se detuvo y la luna se paró,
> Hasta que la gente se hubo vengado de sus enemigos.
> ¿No está escrito esto en el libro de Jaser?
> **| Josué 10:13**

Otra mención de este libro hecha por un personaje importantísimo, como lo es Samuel el profeta, muestra que el libro de Jaser era bastante popular entre los israilitas.

> y dijo que debía enseñarse a los hijos de Judá.
> He aquí que está escrito en el libro de Jaser.
> **| 2º Samuel 1:18**

| El Libro De Las Profecías De Enoc

> De éstos también profetizó Enoc, séptimo desde Adán, diciendo: He aquí, vino el Señor con sus santas decenas de millares,
> **| Judas 1:14**

Aquí Judas no solo menciona, sino, que narra sobre las profecías de Enoc, evidenciando que estas eran de conocimiento de la época.

Les Invitamos a ver los Entrenamientos Proféticos

www.vozdelaluz.com

Si este libro le gustó, le recomendamos también

El Espíritu Del Hombre

Es entendiendo de dónde venimos y a imagen de Quién fuimos creados que podemos encontrar nuestra verdadera identidad y el poder que nos ha sido concedido.

En este libro de profunda revelación espiritual, la autora nos lleva a descubrir la anatomía de nuestro ser invisible. Aprenderá cómo fuimos concebidos y las  diferentes funciones de cada parte de nuestro espíritu, alma, y corazón. Este misterio ha estado escondido por siglos y que ahora Dios nos lo da a conocer. Descubrirá también:

-Cómo llegar a su más alto potencial espiritual

-Cómo se interrelaciona su ser tripartito

-El origen espiritual de la enfermedad y la salud

Un verdadero legado de conocimiento que lo llevará al crecimiento espiritual que siempre ha anhelado.

www.vozdelaluz.com

Si este libro le gustó, le recomendamos también

Sentados En Lugares Celestiales

Esta nueva edición **revisada y mejorada** de Sentados en Lugares Celestiales, presenta nuevas revelaciones de los Hijos de Dios que se levantan alrededor del mundo. Este es un libro de Reforma que incorpora elementos claves para entender el Gobierno de Dios y experimentar Su poder en nuestras vidas.

Esta es una obra que desafía SU ser para el Señor lo tome y lo siente en SU Trono. Estas páginas, escritas por Ana Méndez Ferrell, lo llevarán a entender el ámbito espiritual y le ayudarán a penetrar los lugares más bellos y las dimensiones más profundas del Espíritu. De esta manera, usted será conducido para ver y conocer a Dios, no solo cuando muera, sino que AQUÍ y AHORA.

Adquiérelo en

www.vozdelaluz.com

Veanos en **Frecuencias de Gloria TV** y **YouTube**
Síguenos en **Facebook**, **Instagram** y **Twitter**

www.frecuenciasdegloriatv.com
www.youtube.com/user/vozdelaluz

https://m.facebook.com/AnaMendezFerrellPaginaOficial
www.instagram.com/anamendezferrell
www.twitter.com/MendezFerrell

Contactenos en

Ministerio Voz De La Luz
P.O. Box 3418
Ponte Vedra, FL. 32004
USA
904-834-2447

www.vozdelaluz.com

www.ingramcontent.com/pod-product-compliance
Lightning Source LLC
Chambersburg PA
CBHW062206080426
42734CB00010B/1813